A Livable Future is Possible: Confronting the Threats to Our Survival
By Noam Chomsky and C.J. Polychroniou
Copyright © 2024 Truthout, C.J Polychroniou and Valeria Chomsky
All rights reserved.
No part of this book may be used or reproduced in any manner whatever without written permission
except in the case of
brief quotations embodied in critical articles or reviews.
Korean Translation Copyright © 2025 by Genie's Library Co., Ltd.
Korean edition is published by arrangement with Haymarket Books through BC Agency, Seoul

이 책의 한국어판 저작권은 BC에이전시를 통해 저작권자와 독점계약한 ㈜지니의서재에 있습니다.
저작권법에 의해 한국 내에서 보호를 받는 저작물이므로 무단전재와 복제를 금합니다.

어떻게
살 만한 세상을
만들 것인가

흔들리는 세계의 질서 편

어떻게
살 만한   세상을
만들 것인가
흔들리는 세계의 질서 편

펴낸날 2025년 7월 10일 1판 1쇄

지은이 노엄 촘스키, C. J. 폴리크로니우
옮긴이 최유경
펴낸이 金永先
편집 이교숙
디자인 타입타이포
표지 인물사진 출처 Duncan Rawlinson / CC BY 2.0

펴낸곳 알토북스
주소 경기도 고양시 덕양구 청초로 10 GL 메트로시티한강 A동 19층 A1-1924호
전화 (02) 719-1424
팩스 (02) 719-1404
출판등록번호 1978년 5월 15일(제13-19호)

ISBN 979-11-94655-07-7 (03300)

| 알토북스와 함께 새로운 문화를 선도할 참신한 원고를 기다립니다.
| 이메일 geniesbook@naver.com (원고 투고)

- 이 책은 저작권자와의 계약에 따라 발행한 것이므로 본사의 허락 없이는
  어떠한 형태나 수단으로도 이 책의 내용을 사용하지 못합니다.
- 파본은 구입하신 서점에서 교환해 드립니다.

노엄 촘스키,
C. J. 폴리크로니우 지음
최유경 옮김

어떻게
살 만한 세상을
만들 것인가

흔들리는 세계의 질서 편

시대의 지성,
노엄 촘스키에게 묻다

알토북스

• 프롤로그 •

절망 너머의 낙관
: 촘스키, 우리의 미래를 말하다

이 책은 현대 역사상 가장 많이 인용되며, 오늘날 세계에서 가장 영향력 있는 대중 지식인 중 한 명인 노엄 촘스키Noam Chomsky와의 심층 담론을 담고 있다.

2020년 헤이마켓 북스에서 출간된 『부당한 권위: 우리 시대의 도전에 맞서다』의 후속작으로 인류가 직면한 핵심적인 글로벌 이슈들을 더욱 심화된 시각에서 조망한다.

기후 위기, 우크라이나 전쟁이 가져온 충격, 고조되는 핵전쟁의 위협 등 오늘날 가장 시급한 글로벌 문제들이 이 책의(흔들리는 세계의 질서 편, 새로운 미래의 길 편) 중심 주제다. 동시에 새롭게 형성되고 있는 세계 질서의 흐름과 그 안에서 부상하는 위험 지역들을 다각도로 살펴본다. 미국 민주주의의 미래에 깊은 우려를 불러일으키는 파시즘의 부상 역시 주요하게 다뤄진다.

그럼에도 불구하고 '절망을 넘어선 낙관'은 늘 노엄 촘스키 사상의 핵심에 있다. 그는 여전히 인류가 기후 재앙과 핵전쟁의 위기를 피할 수 있다고 믿는다. 현재 95세인 촘스키는 일생 동안 흔들림 없이 지켜온 신념을 바탕으로 더 나은 세상을 위한 행동이 필수적이라고 강하게 주장한다.

기후 위기 문제에 있어 그는 경제학자 로버트 폴린Robert Pollin의 공헌을 특히 높이 평가한다. 폴린은 화석연료 이후의 시대를 정의롭고 평등하게 전환해 나가면서 동시에 번영할 수 있는 경제 모델을 제시해 왔다. 이 책에는 기후 위기를 주제로 한 촘스키와 폴린의 대담이 수록되어 있으며, 촘스키는 매사추세츠 대학교 애머스트의 정치경제연구소에서 그들이 이끄는 연구가 지구의 파국을 막는 데 결정적인 역할을 할 수 있다고 보았다.

또한 이 심층 대담집에서는 오늘날 가장 뜨거운 논쟁의 중심에 있는 인공지능AI에 대해서도 심도 있게 다룬다(새로운 미래의 길 편). 수십 년간 언어학의 거장으로서 인지과학, 심리학, 철학, 컴퓨터 과학 분야에 지대한 영향을 끼쳐온 촘스키의 AI에 대한 통찰은 특별한 가치를 지닌다.

『어떻게 살 만한 세상을 만들 것인가』는 촘스키와의 네 번째 대담집이다. 이전 세 권과 마찬가지로 이 책에 담긴 대다수 대담은 미국의 진보 성향 비영리 언론 매체인 《트루스아웃Truthout》에 게재되었던 내용들이다.

이 책의 궁극적인 목적은 세계 최고 지식인의 통찰과 제안을 다음 세대의 활동가들, 관심 있는 시민들, 그리고 전 세계 수백만 명의 독자들에게 전달하는 데 있다. 그리고 그는 늘 이렇게 말해 왔다.

"투쟁은 계속된다!"

― C.J. 폴리크로니우

* **차례** *

6   **프롤로그**

절망 너머의 낙관
: 촘스키, 우리의 미래를 말하다

1부 시대의 경고

우리는 어디에 서 있는가

15   지금이 인류 역사상 가장 위험한 시기인 이유
46   인류의 운명을 가르는 두 위협, 침묵 속에 묻히다
66   미래는 바꿀 수 있다, 지금 행동한다면
97   기후 위기 외면한 미국, 반복되는 무대응의 역사
109 살 만한 세상은 여전히 가능한가

2부 전쟁의 구조
전장과 세계 질서의 균열

141　격화되는 전쟁, 위태로워지는 외교적 타협의 가능성

154　우크라이나, 평화로 가는 길은 아직 닫히지 않았다

172　새로운 국면에 접어든 우크라이나 전쟁

190　교착의 전장, 그 뒤에 있는 미국의 첨단 무기들

206　전쟁 장기화 속 나토 강화, 최악의 대응인가

227　역사적 나토 정상회담, 미 군사 패권 더욱 강화

261　미국, 전 세계 협상 촉구에 나서야 할 때

1부

시대의 경고

우리는 어디에 서 있는가

지금 우리가 마주한 위기는 단순한 변화가 아닌 문명사적 전환의 신호다. 기후 위기, 전염병, 전쟁, 불평등은 모두 제각각이 아닌 하나로 연결된 복합 위기다. 그러나 진정한 위기는 이러한 현실을 더 이상 '이상한 일'로 여기지 않는 무감각이다. 이 장은 바로 그 무감각에서 깨어나는 데서 출발한다.

* 노엄 촘스키 *

지금이 인류 역사상 가장 위험한 시기인 이유

2023년 5월 27일

C. J. 폴리크로니우

노엄, 당신은 여러 차례 지금 이 세계가 인류 역사상 가장 위험한 시점에 있다고 말해 왔습니다. 그렇게 판단하는 이유는 무엇인가요? 오늘날의 핵무기가 과거보다 더 위험한가요? 최근 몇 년간의 극우 권위주의가 1920년대와 1930년대의 파시즘의 부상과 그 확산보다 더 위험한가요? 아니면 당신이 말한 기후 위기 때문인가요? 기후 위기는 세상이 직면한 가장 큰 위협이라고 했습니다. 오늘날 세상이 예전보다 훨씬 더 위험하다고 생각하는 이유를 구체적으로 비교해 설명해 주실 수 있을까요?

── **노엄 촘스키**

기후 위기는 인류 역사상 유례없는 문제이며, 그 심각성은 해마다 더 커지고 있습니다. 앞으로 수십 년 안에 근본적인 대응을 하지 않는다면, 우리는 되돌릴 수 없는 지점에 도달하게 될 가능성이 높고, 그 결과는 상상할 수 없는 재앙으로 이어질 수 있습니다. 물론 이 모든 것이 확정된 것은 아니지만, 그렇게 될 가능성은 충분히 현실적이며, 그에 따른 경고는 매우 타당하다고 생각합니다.

무기 체계는 점점 더 위험하고 불길해지고 있습니다. 우리는 히로시마 폭격 이후로 다모클레스의 검[1] 아래에서 살아왔습니다. 이후, 70년 전 미국과 러시아가 열핵무기를 시험하면서 인류의 지능이 모든 것을 파괴할 수 있는 능력으로 진보했다는 사실이 드러났죠. 여기서 중요한 질문은 이러한 무기들이 실제 사용되는 것을 막을 수 있는 사회적·정치적·문화적 조건이 존재하느냐는 것입니다. 이런 조건들은 1962년 쿠바 미사일 위기 때 거의 무너질 뻔했습니다. 당시 아서 슐레진저는 이 사건을 '세계 역사상 가장 위험한 순간'이라고 불렀고, 그 평가에는 충분한 이유가 있었습니다.

---

[1] **다모클레스의 검** 권력자들이 직면하는 절박한 위험을 상징

하지만 지금, 유럽과 아시아의 상황을 보면 그와 유사한 끔찍한 순간이 다시 찾아올 가능성을 배제할 수 없습니다. 상호확증파괴MAD, Mutual Assured Destruction 시스템[2]이 일종의 안전장치 역할을 했지만, 사회와 문화적 조건이 근본적으로 변하지 않는 한, 이 같은 논리만으로는 충분하지 않을 수 있습니다. 안타깝게도 그 변화는 아직까지 실현되지 못한 희망에 불과한 상태입니다.

소련 붕괴 이후, 상호확증파괴 체계를 기반으로 한 기존의 안보 질서는 점차 약화되었습니다. 그 직접적인 계기 중 하나는 빌 클린턴 대통령 시절의 공격적인 승리주의, 그리고 조지 W. 부시(부시 2세)에서 도널드 트럼프에 이르기까지 이어진 행정부의 군비 통제 체제 해체 시도였습니다. 이와 관련된 중요한 연구가 최근 벤저민 슈워츠Benjamin Schwarz와 크리스토퍼 레인Christopher Layne의 논문에서도 다뤄졌으며, 이는 러시아의 우크라이나 침공의 배경 중 하나로 언급됩니다. 그들은 클린턴이 '미국이 세계 정치에서 혁명적인 힘이 될' 새로운 국제 관계의 시

---

[2] **상호확증파괴 시스템** 핵무기를 보유한 국가들 간에 핵전쟁을 피하기 위한 군사 전략과 국가 안보 정책의 교리다. 핵무기 보유국이 선제 핵 공격을 감행하면, 상대국도 핵전력을 동원해 보복 공격을 하기 때문에 양측 모두 파괴되는 상황이 발생한다. 이를 피하고자 핵무기 보유국들이 핵전쟁을 일으키지 않게 되는 것이다.

대를 시작했다고 평가하며, '옛 외교 방식'을 포기하고 미국이 선호하는 혁명적인 글로벌 질서를 도입했다고 설명합니다.

'옛 외교 방식'은 적국의 이익과 동기를 이해하고, 이를 바탕으로 신중한 타협과 조율을 통해 세계 질서를 유지하려는 접근 방식입니다. 하지만 '새로운 승리주의적 일방주의'는 전혀 다른 방향을 지향합니다. 미국이 다른 나라 내부의 체제가 자신들의 '공언된' 이상과 가치에 맞지 않을 경우, 이를 바꾸거나 없애는 것을 정당한 목표로 삼는 방식입니다. '공언된'이라는 단어가 매우 중요한데요. 미국에서는 종종 간과되지만, 다른 나라에서는 그렇지 않습니다.

이 배경에는 클린턴 독트린이 자리 잡고 있습니다. 이 독트린은 미국이 중대한 이익 즉, '핵심 시장, 에너지 공급, 전략적 자원에 방해받지 않고 접근하는 것'을 보장하기 위해 다자적으로 대응하되, 필요하다면 단독으로라도 무력을 사용할 준비를 해야 한다는 내용을 담고 있습니다. 동반된 군사 독트린은 러시아와 중국에 대한 '선제적 반격 능력'이라는 의미로 해석될 수 있는, 훨씬 더 정교하고 진보된 핵무기 체계를 만들어 냈습니다(랜드연구소). 이는 적국의 국경 근처에 미사일 방어 시스템을 배치하는 것을 금지한 조약을 부시가 폐기하면서 강화된 선제공격 능력입니다. 표면적으로는 '방어 시스템'으로 설명되지만, 실제로는 그 구조와 배치 방식 모두가 선제공격 무기로 인식되고 있으며, 이는 국제 안보 질서를 더욱 불안정하게 만들고 있습니다.

이러한 조치들은 기존의 '상호 억제 시스템'을 심각하게 약화시켰고, 그 자리에 훨씬 더 큰 위험을 남겼습니다. 이러한 변화가 과연 얼마나 새로운 현상인지는 논쟁의 여지가 있지만, 벤저민 슈워츠와 크리스토퍼 레인은 미국의 승리주의적 일방주의와 패배한 적국에 대한 노골적인 경멸이 러시아의 우크라이나 침공, 나아가 유럽에서의 주요 전쟁 발발에 핵심적인 요인으로 작용했다고 강하게 주장합니다. 그리고 이러한 충돌은 종말적 전쟁으로 확대될 잠재성마저 지니고 있습니다.

아시아에서의 흐름도 그에 못지않게 불길합니다. 워싱턴은 양당과 주요 언론의 강력한 지지를 등에 업고, 군사적·경제적으로 중국을 정면으로 견제하고 있습니다. 러시아의 우크라이나 침공은 미국이 유럽을 더욱 확고히 장악하는 계기가 되었고, 그 결과 나토의 영향력을 인도-태평양 지역으로 확장시키는 발판이 마련됐습니다. 이러한 흐름 속에서 유럽을 끌어들여 중국의 부상을 견제하려는 미국의 전략은 단지 정당한 것일 뿐만 아니라 칭찬받을 만한 일로 포장되고 있습니다. 심지어 행정부 내 '온건파'로 분류되는 지나 러몬도 상무장관조차도 "중국의 혁신 속도를 정말로 늦추고 싶다면, 우리는 유럽과 협력해야 합니다."라고 말했습니다.

그녀의 발언은 현재 미국-유럽 간 전략적 합의의 방향을 분명히 보여 줍니다. 특히 미국은 중국이 지속 가능한 에너지 분야에서 주도권을 잡는 것을 차단하려 하고 있습니다. 중국은 이 분야에서 이미 상당한 우위를 확보하고 있으며, 골드만 삭스 분석가들에 따르면, 2060년까지 에너지 자급자족을 달성할 가능성이 높다고 평가됩니다. 나아가 중국은 차세대 배터리 기술에서도 돌파구를 마련할 가능성이 있어서 이는 기후 재앙으로부터 세계를 구하는 데 도움이 될지도 모릅니다.

또한 중국이 대만에 대해 '하나의 중국' 정책을 고수하는 것도 이제는 억제해야 할 위협으로 간주하고 있습니다. 하지만 이 원칙은 미국 역시 50년 전 공식적으로 수용한 바 있으며, 그 결과 지난 반세기 동안 미중 간의 평화가 유지될 수 있었던 핵심 토대가 되었습니다. 그럼에도 오늘날 워싱턴은 이 정책을 점차 철회하려는 움직임을 보이고 있습니다. 이와 관련된 배경과 맥락에 대해서는 이미 다른 자리에서 충분히 논의한 바 있습니다.

점점 비이성적인 분위기로 흐르는 현재의 국제 정세 속에서 말하기는 어렵지만, 미국과 중국이 서로 타협할 방법을 찾지 못한다면 우리 모두가 파멸에 이를 것이라는 점은 거의 자명한 진실에 가깝습니다. 물론 역사적 유사점을 찾는 데는 한계가 있겠지만, 이와 관련해 반복적으로 언급되는 두 가지 적절한 사례가 있습니다.

'1815년에 수립된 유럽 협조 체제'와 '1919년의 베르사유 조약'입니다. '유럽 협조 체제'는 옛 외교 방식의 대표적인 예로 패배한 침략국, 즉 프랑스가 새로운 국제 질서 체제에 동등한 파트너로 포함되었죠. 그 후 약 1세기 동안은 비교적 평화로운 시기였습니다. 반면, '베르사유 조약'은 1990년대 이후 미국이 주도한 승리주의적 세계 질서와 그 연장선에서 형성된 '혁명적' 글로벌 체제의 전조로 자주 인용됩니다. 패배한 독일은 전후 질서에 포용되지 못했고, 대신 가혹한 처벌과 굴욕을 감내해야 했습니다. 그리고 우리는 그 결과가 어디로 이어졌는지 역사를 통해 똑똑히 목격했습니다.

오늘날 우리는 두 가지 세계 질서 모델이 충돌하는 국면에 놓여 있습니다.

하나는 '유엔 체제'처럼 다극적인 국제 협력 질서와 '규칙 기반 질서rules-based order'라는 이름 아래 사실상 미국 주도의 단극 체제입니다. 미국과 그 동맹국들 때로는 '속국'이나 '하위 제국 국가'라고도 불리는 국가들은 '유엔 체제'를 사실상 거부하고, 대신 '규칙 기반 질서'를 따를 것을 다른 나라들에 요구하고 있습니다.

반면, 전 세계의 대다수 국가는 상대적으로 유엔 체제, 즉 다극적이고 법적 기반 위에 선 국제 질서를 지지하는 입장을 보이고 있습니다. 유엔 체제는 유엔 헌장을 기반으로 하며, 이는 현대 국제법의 기초이자 미국 헌법에 따라 미국에서 '최고의 법'으로 간주합니다. 미국의 공직자들은 이를 준수해야 할 의무가 있습니다. 그러나 유엔 헌장에는 '미국 외교 정책과 근본적으로 충돌하는 중대한 조항'이 존재합니다. 유엔 헌장의 핵심 원칙은 국제 문제에 있어서 '무력 위협이나 사용'을 금지한다는 원칙입니다. 물론 미국의 자위권 또는 유엔 안전보장이사회 승인 등 아주 제한적인 경우를 제외하고는요. 그러나 전후 미국 대통령 중 헌법을 위반하지 않은 사람을 찾기는 어려울 겁니다. 하지만 기록을 보면 이런 문제는 별로 관심을 받지 못하는 것 같습니다.

그렇다면 미국이 선호하는 '규칙 기반 체제'는 무엇일까요? 이 질문은 곧 '누가 규칙을 만들고, 언제 그 규칙을 지켜야 하는지를 결정하는 권한은 누구에게 있는가'라는 문제로 이어집니다. 답은 분명하지요. 바로 제2차 세계대전 이후 영국으로부터 패권을 이어받아, 그 영향력을 전 지구적으로 확장한 패권 국가 미국입니다. 미국이 주도하는 규칙 기반 체제의 핵심 기반 중 하나는 '세계무역기구WTO'입니다.

그렇다면 이제 우리는 미국이 이를 어떻게 존중하는지 물어

볼 수 있겠죠?

세계 패권국으로서 미국은 사실상 유일하게 제재를 부과할 수 있는 능력을 갖추고 있습니다. 이는 다른 나라들이 반드시 따라야 하는 제삼자 제재입니다. 따르지 않으면 문제가 생기죠. 다른 나라들은 제재에 강하게 반대하더라도 결국은 이를 따릅니다. 대표적인 예가 쿠바에 대한 미국의 제재입니다. 이 제재는 매년 유엔 총회에서 압도적인 반대를 받고 있으며, 전 세계 대부분의 국가가 그 부당함을 지적하고 있습니다. 그럼에도 불구하고 제재는 계속 유지되고 있으며, 많은 국가가 어쩔 수 없이 이를 따르고 있습니다.

클린턴 행정부가 이전보다 더 강화된 대쿠바 제재를 시행했을 때, 유럽연합은 이 조치의 합법성 여부를 세계무역기구에 판단해 달라고 요청했습니다. 그러자 미국은 강하게 반발했고, WTO의 분쟁 해결 절차에 협조하지 않음으로써 해당 심의는 사실상 무력화되었습니다. 당시 클린턴 행정부의 상무장관이었던 스튜어트 아이젠스탯은 이에 대해 미국의 입장을 명확히 밝혔습니다. 그는 유럽이 '케네디 행정부 이래 30년간 유지돼 온 미국의 쿠바 정책'에 도전하고 있다며, 그 정책의 목적은 하바나 정권의 교체를 강제하는 데 있다고 설명했습니다.

간단히 말해, 유럽과 세계무역기구는 쿠바 정부를 강제로 전복시키려는 미국의 오랜 테러와 경제적 압박 캠페인에 영향을 미칠 권한이 없으니 그들은 물러나야 한다는 것이죠. 그 결과 미국의 제재는 지금도 계속 유지되고 있으며, 유럽은 이를 공식적으로는 반대하면서도 실제로는 따르고 있습니다. 이 사례는 미국이 주도하는 '규칙 기반 질서'의 실질적 본질을 매우 분명하게 보여 줍니다.

이와 같은 사례는 많습니다. 또 하나의 대표적인 예로, 국제사법재판소ICJ는 미국이 이란의 자산을 동결한 조치가 불법이라고 판결했지만, 이 판결은 별다른 국제적 파장을 일으키지 못했습니다. 이는 어쩌면 당연한 일입니다. '규칙 기반 질서'하에서는 그 규칙을 만들어 낸 글로벌 집행자, 즉 미국이 국제사법재판소의 판결이나 세계무역기구의 결정에 따를 의무가 없기 때문입니다. 이는 오래전부터 확립되어 왔습니다. 1986년, 국제사법재판소는 미국의 니카라과에 대한 테러를 불법으로 규정하고, 배상금 지급을 명령하는 판결을 내렸습니다. 이에 대한 미국의 반응은 국제사법재판소의 관할권에서 탈퇴하고, 해당 전쟁을 오히려 확대하는 것이었습니다.

또 다른 규칙 기반 시스템의 예를 들자면, 유고슬라비아가 나토를 상대로 제기한 국제 재판을 들 수 있습니다. 이 재판 과정에서 유일하게 미국만이 절차에서 탈퇴했습니다. 미국은 유고슬라비아가 나토의 군사 행동을 '집단학살'로 규정했다고 주장하며, 해당 사건의 관할권 자체를 거부했죠. 더 나아가 미국은 집단학살을 금지하는 국제 조약에서도 자국을 예외로 두고, 법적 구속력에서 벗어난 입장을 취하고 있습니다.

예를 들자면 정말 많죠. 미국이 유엔 기반 체제를 거부하는 이유도 쉽게 이해할 수 있습니다. 유엔 체제는 '미국의 외교 정책에 실질적인 제약을 가할 수 있는 구조'이기 때문입니다. 대신 미국은 자신이 규칙을 정하고, 필요할 때마다 그 규칙을 철회하거나 무시할 수 있는 체제, 즉 스스로가 중심이 되는 단극 체제를 선호합니다. 미국이 다극 체제가 아닌 단극 체제를 선호하는 이유에 대해 굳이 더 설명할 필요는 없을 것 같습니다.

이러한 사항들은 우리가 국제 갈등을 평가하거나 인류 생존을 위협하는 구조적 요인들을 검토할 때 반드시 고려해야 할 핵심 사안입니다.

C. J. 폴리크로니우

▦ 지난 50년 동안 전 세계의 사회는 큰 경제적 변화를 겪었습니다. 특히 중국은 불과 몇십 년 만에 농업 사회에서 산업 강국으로 변모하며 수억 명을 빈곤에서 벗어나게 했죠. 하지만 이것이 반드시 '삶의 질이 향상'했음을 의미하지는 않습니다. 예를 들어, 미국에서는 지난 10년간 삶의 질이 하락했고, 유럽연합 역시 삶의 만족도가 낮아졌습니다.

우리는 지금 서구의 쇠퇴와 동아시아의 부상이라는 흐름을 목격하고 있는 걸까요?

많은 이가 유럽과 미국 내 극우 세력의 부상을 서구 쇠퇴의 징후로 해석하지만, 극우 정치의 확산은 결코 서구만의 현상은 아닙니다. 인도, 브라질, 이스라엘, 파키스탄, 필리핀 등 다양한 국가에서 극우 정치 세력이 부상하고 있으며, 중국의 온라인 공간조차도 '대안 우파alt-right' 담론이 자리를 잡고 있는 실정입니다.

그렇다면 지금 우리 세계에 도대체 무슨 일이 벌어지고 있는 걸까요? 왜 지금, 민족주의와 인종주의, 극단주의가 전 세계적으로 다시 고개를 들고 있는 것일까요?

— **노엄 촘스키**

▥ 거기엔 여러 가지 이유가 복잡하게 얽혀 있습니다. 그중 일부는 특정 국가의 고유한 정치·사회적 맥락에 기인하기도 합니다. 인도에서는 나렌드라 모디 총리가 엄격한 인종차별적 힌두교 중심의 국가를 구축하려고 하면서 세속적 민주주의 체제가 무너지고 있는 상황입니다. 이는 인도 고유의 특수한 사례이지만, 유사한 경향은 다른 나라들에서도 관찰됩니다.

한편, 좀 더 광범위하고 구조적인 요인들도 존재합니다. 그중 하나는 미국과 영국에서 시작되어 여러 방식으로 확산한 '신자유주의 정책'으로 인해 세계 많은 지역에서 불평등이 많이 증가했다는 점입니다. 이 사실은 특히 미국의 경우 명백히 입증되어 있으며 관련 연구도 풍부합니다.

우리가 앞서 논의했던 랜드연구소의 연구에 따르면, 신자유주의가 본격화된 수십 년 동안 소득 하위 90%의 노동자와 중산층이 벌어들였을 몫 중 약 50조 달러가 상위 1%로 재분배된 것으로 나타납니다. 더욱 상세한 분석은 토마 피케티Thomas Piketty와 엠마누엘 사에즈Emmanuel Saez의 연구에서 확인할 수 있으며, 정치경제학자 로버트 브레너Robert Brenner가 이를 좀 더 간결하게 요약한 바 있습니다.

핵심 결론은 명확합니다. 제2차 세계대전 이후의 호황기, 특히 1940년대부터 1970년대 후반까지는 불평등이 실질적으로 감소했던 시기였습니다. 이 시기 동안 상위 1% 소득 계층이 차지하는 전체 소득 비중은 약 9~10%에 불과했고, 나머지 사회 구성원들에게도 상대적으로 공정한 분배가 이루어졌습니다. 하지만 1980년대 이후, 상황은 급격히 바뀌었습니다. 짧은 기간 내에 상위 1%의 소득 비중은 전체의 25%까지 치솟았으며, 그에 반해 하위 80%는 거의 아무런 소득 증가도 경험하지 못한 채 정체되었습니다.

이러한 변화는 여러 결과를 가져왔습니다. 그중 하나는 생산적 투자가 줄어들고 불로소득 경제로 바뀐 것입니다. 이는 어떤 면에서 자본주의적 생산 투자에서 봉건시대 스타일의 부의 생산으로 되돌아간 것이라 할 수 있습니다. 마르크스가 '가공 자본'이라고 부른 것처럼요.

또 다른 결과는 '사회 질서의 붕괴'입니다. 리처드 윌킨슨Richard Wilkinson과 케이트 피켓Kate Pickett의 통찰력 있는 저서 『평등이 답이다 The Spirit Level』는 불평등과 범죄, 건강, 교육, 신뢰의 붕괴 등 다양한 사회 문제 간의 강력한 상관관계를 보여줍니다. 한 나라가 특히 눈에 띄는데, 이 나라는 매우 높은 불평등을 보이며 그와 관련되어 예상되는 것보다 더 심각한 사회 문제를 겪고 있습니다. 이 나라가 바로 신자유주의 공격을 주도한 나라죠. 표면적으로는 작은 정부와 시장 경제를 추구한다고 하지만, 실제로는 매우 다른 방향으로 움직이며 모든 수단을 이용한 계급 전쟁을 벌인 곳입니다.

윌킨슨과 피켓의 진실을 드러내는 연구는 이후에도 이어졌고, 최근에는 스티븐 베즈루츠카Stephen Bezruchka의 중요한 연구를 통해 더욱 발전했습니다. 불평등이 사회 질서 붕괴의 주요 원인이라는 점이 분명해 보입니다.

영국에서도 강력한 긴축 정책하에 비슷한 일이 벌어졌고, 그 여파는 다른 나라들로도 확산되었습니다. 그리고 언제나 그렇듯 가장 큰 피해를 입은 사람들은 사회적 약자들이었습니다. 라틴아메리카는 파괴적인 구조조정 정책으로 20년의 세월을 잃었고, 유고슬라비아와 르완다에서는 1980년대 이런 구조 조정 정책들이 사회적 갈등을 증폭시켜 이후의 참혹한 분쟁과 대학살의 토대를 제공하기도 했습니다.

한편, '신자유주의 정책'이 엄청난 성공이었다고 주장하는 사람들도 있습니다. 그들은 역사상 가장 빠르게 전 세계 빈곤이 줄어들었다는 점을 예로 들죠. 그러나 이 성과의 상당 부분은 신자유주의 원칙을 강하게 거부했던 중국과 몇몇 국가에서 이룬 것이며, 이 점은 종종 간과됩니다. 또한 미국 투자자들이 노동력이 저렴하고 노동·환경 규제가 느슨한 국가로 생산 거점을 옮기게 된 것은 '워싱턴 합의[3]' 때문은 아니었습니다. 이로 인해 미국에서는 산업이 쇠퇴했고, 그 결과 잘 알려진 것처럼 노동자들이 큰 타격을 입었습니다.

이것들 말고도 대안은 있었습니다. 노동운동 단체들과 비록 나중에 해체되긴 했지만, 미국 의회의 자체 연구기관인 '기술평가국'은 전 세계 노동자들에게 실질적인 도움이 될 수 있는 실행 가능한 정책 대안들을 제시했습니다. 하지만 이러한 제안들은 무시되었습니다.

---

[3] **워싱턴 합의** 미국과 국제금융자본이 미국식 시장 경제 체제를 개발도상국 발전모델로 삼도록 하자고 한 합의를 말한다.

이 모든 것은 당신이 설명한 불길한 현상들의 배경이 됩니다. 신자유주의의 공격은 사회 질서 붕괴의 주요 원인이 되었고, 이로 인해 많은 사람이 분노하고 환멸을 느끼며, 두려워하고, 자신들의 이익을 대변하지 않는 제도들을 경멸하게 되었습니다.

신자유주의 공격의 핵심 요소 중 하나는 바로 그 공격의 대상이 되는 사람들로부터 방어 수단을 빼앗는 것이었습니다. 로널드 레이건 대통령과 마거릿 대처 총리는 노동조합을 공격함으로써 신자유주의 시대를 시작했는데, 노동조합은 계급 전쟁에 맞서는 노동자들의 주된 방어선이었습니다. 그들은 동시에 기업들이 노동자를 공격할 수 있도록 길을 열어주었고, 이러한 공격은 종종 불법적인 수단을 동반했지만, 미국과 영국처럼 기업의 영향력이 강력한 나라들에서는 정부가 이를 묵인함으로써 별다른 문제가 되지 않았습니다.

계급 갈등에 맞서는 또 다른 중요한 방어선은 잘 이해하고 비판적으로 사고할 줄 아는 교육받은 대중입니다. 그러나 신자유주의 시대 동안 공교육은 심각한 타격을 입었습니다. 대표적인 사례로는 대규모 예산 삭감, 정규 교수 대신 비용이 저렴하고 해고가 쉬운 시간강사나 대학원생을 고용하는 사업 모델, 그리고 비판적 사고와 탐구를 저해하는 시험 중심의 교육 방식등을 들 수 있습니다.

결국 신자유주의는 사람들을 수동적이고, 순응적이며, 고립된 상태로 내몰았습니다. 그들은 분노와 불만을 품고 있지만, 이러한 상태야말로 선동가들이 쉽게 이용할 수 있는 취약한 표적이 됩니다. 이런 선동가들은 모든 사회에 잠재된 어두운 본성을 자극해 권력을 잡으려 합니다.

C. J. 폴리크로니우

▌▌▌▌▌ 우리는 정치 전문가들이나 영향력 있는 학자들로부터 민주주의가 쇠퇴하고 있다는 말을 수없이 들어왔습니다. 실제로《이코노미스트 인텔리전스 유닛》은 2022년 초 기준으로 전 세계 인구의 단 6.4%만이 '완전한 민주주의'를 누리고 있다고 주장했지요. 물론 이는 보수 성향의 주간지인《이코노미스트》의 자매기관인《인텔리전스 유닛》의 평가이며, 그들이 말하는 '완전한 민주주의'라는 용어가 정확히 어떤 기준과 맥락에 기반하고 있는지는 명확하지 않습니다.

그럼에도 불구하고 21세기 민주주의가 심각한 기능 장애를 겪고 있다는 여러 중요한 징후가 존재한다는 데에는 많은 이가 공감할 것입니다. 하지만 생각해 보면 민주주의의 위기에 대한 담론은 민주주의 역사만큼이나 오래된 것이 아닐까요? 게다가 우리가 흔히 말하는 '민주주의의 위기'라는 서사는 진정한 민주주의 자체라기보다는 오히려 '자유민주주의'라는 개념에만 국한된 것은 아닌지요?

이와 같은 문제들에 대해 당신은 어떻게 생각하시는지 궁금합니다.

노엄 촘스키

'민주주의의 위기'란 정확히 무엇일까요? 이 표현은 우리에게 매우 익숙합니다. 실제로 이 용어는 유럽, 일본, 미국의 자유주의 국제학자들로 구성된 삼극위원회Trilateral Commission가 발간한 첫 번째 보고서의 제목이기도 했습니다. 이 보고서는 이른바 '파월 메모'와 함께 대부분 삼극위원회 인사들로 구성된 카터 행정부 시기에 영향력을 키우기 시작했으며, 이후 레이건과 대처 시대로 이어지는 본격적인 신자유주의 공세의 전조로 작용했습니다. 기업계를 향해 더욱 강경한 입장을 담았던 파월 메모에 비해, 삼극위원회 보고서는 좀 더 부드럽고 자유주의적인 시각에서 민주주의의 문제를 제기했습니다.

루이스 파월 판사가 작성한 파월 메모는 매우 직설적이었습니다. 그는 기업을 향해 기업의 힘을 사용하여 기업들에 대한 중대한 공격이라고 인식되는 것을 물리치라고 촉구했죠. 여기서 말하는 공격이란, 기업들이 거의 모든 것을 자유롭게 운영하던 것에 약간의 제한을 두려는 시도들을 의미합니다. 이 메모는 다소 과장된 표현도 있지만 핵심 메시지는 분명했습니다. 강력한 계급 전쟁을 시작하라는 것과 사회를 크게 문명화시켰던 1960년대의 사회운동을 의미하는 '혼란의 시기'를 끝내라는 것이었습니다.

파월처럼 삼극주의자들도 '혼란의 시기'를 우려했습니다. 그들의 시각에서 본 '민주주의의 위기'란, 1960년대의 사회운동이 민주주의를 지나치게 확장시키고 있다는 것이었죠. 젊은이들, 노인, 여성, 노동자, 농민 등 다양한 집단이 '더 많은 권리'를 요구했는데, 이들은 종종 '특수 이익 집단'이라고도 불렸습니다. 그들이 특히 우려한 것은 젊은 세대를 체제에 순응시키는 역할을 담당해야 할 학교와 대학 같은 제도들이 실패했다는 점이었습니다. 그 결과 젊은이들이 거리에서 저항 활동에 나서는 모습이 나타났으며, 이러한 대중의 집단적 움직임은 국가에 감당하기 힘든 부담을 주었습니다. 또한 기존 엘리트 체제는 이 '특수 이익 집단들'에 효과적으로 대응하지 못했습니다. 바로 이것이 그들이 말하는 '민주주의의 위기'였습니다.

해결책은 분명했죠. 민주주의에는 더 많은 절제가 필요하다는 것이었습니다. 쉽게 말하면 사람들이 다시 수동적이고 순응적으로 돌아가야 민주주의가 번영할 수 있다는 것입니다. 이러한 민주주의 개념은 오랜 역사적 뿌리를 가지고 있으며, 미국의 건국자들, 나아가 그 이전의 영국 정치 전통까지 거슬러 올라갑니다. 그리고 이는 20세기 주요 민주주의 이론가들의 저작들 속에서 다시 등장했습니다.

그 대표적인 인물들로는 가장 영향력 있는 대중 지식인 중한 명인 월터 리프먼Walter Lippmann, 대형 홍보 산업의 선구자 에드워드 버네이스Edward Bernays, 현대 정치학의 창시자 중 한 사람인 해럴드 래스웰Harold Lasswell, 그리고 자유주의 체제의 신학자로 불리는 라인홀드 니버Reinhold Niebuhr 등이 있습니다. 이들 모두는 우드로 윌슨, 프랭클린 루스벨트, 존 F. 케네디를 합쳐놓은 듯한 '이상적인 자유주의자'들이었습니다.

그들은 민주주의는 일정한 '위험'을 피해야 한다는 미국 건국 이념에 동의했습니다. 제대로 작동하는 민주주의에서 국민의 역할은 몇 년마다 한 번씩 투표로 '책임 있는 사람들'이 내놓은 후보를 선택하는 것입니다. 국민은 참여자가 아니라 구경꾼이 되어야 하며, 필요한 경우에는 현실을 왜곡한 환상, 감정적으로 강렬하지만 지나치게 단순화된 이미지와 메시지로 통제되어야 한다는 것이었죠. 월터 리프먼은 이를 '동의의 제조', 다시 말해 여론 조작이라고 불렀으며, 그는 이를 민주주의의 핵심 기술 중 하나로 간주했습니다. 이 조건들이 충족되면 자유민주주의 이론에서 말하는 완전한 민주주의가 이루어지는 것입니다. 물론 이에 동의하지 않는 사람들도 있을 수 있겠지만, 레이건의 표현을 빌리자면 그런 다른 의견들은 '해결책'이 아니라 '문제의 일부'일 뿐입니다.

이제 다시, 많은 이가 우려하는 민주주의의 쇠퇴로 돌아가 보겠습니다.

앞서 언급한 '완전한 민주주의'조차 이제는 전통적인 민주주의의 중심지들에서 마저 후퇴하고 있는 실정입니다. 유럽에서는 헝가리의 빅토르 오르반 총리가 주장하는 인종차별적 '비자유 민주주의'가 유럽연합에 심각한 우려를 불러일으키고 있으며, 여기에 폴란드의 여당인 '법과 정의당'과 같은 강한 권위주의 성향의 정당들도 문제가 되고 있습니다.

최근 오르반은 유럽 내 극우 운동 세력들의 회의를 주최했는데, 그중 일부는 신파시스트적 기원을 가진 단체들이었습니다. 미국의 '보수 정치 행동 회의CPAC'는 오늘날 공화당의 핵심 세력 중 하나로 이 회의에 주요 참가자로 참여했습니다. 도널드 트럼프는 이 자리에서 주요 연설을 했으며, 터커 칼슨은 오르반을 찬양하는 다큐멘터리 제작에 기여하기도 했습니다. 그 후, 보수 정치 행동 회의는 텍사스주 댈러스에서 회의를 개최했고, 그 자리에서 오르반은 권위주의적 백인 기독교 민족주의의 대표적 대변인으로 찬양받으며 기조연설을 했습니다.

이 일들은 결코 가볍게 넘길 수 있는 사안이 아닙니다.

오늘날의 미국 공화당은 주 정부와 연방 정부 차원 모두에서 과거 '의회 정당'으로서의 역할을 사실상 포기하고, 소수 집단으로서 영구적인 정치적 지배를 확보하려는 전략에 집중하고 있습니다. 그들은 오르반식 비자유주의적 민주주의 모델에 더욱 몰입하고 있습니다. 그 지도자인 트럼프는 현대 민주주의의 기초인 비정파적 공무원 제도를 충성스러운 임명직 체제로 대체하고, 미국 역사 교육에서 비판적 성찰을 차단하려 하며, 민주주의 제도를 약화시키려는 자신의 계획을 공개적으로 밝히고 있습니다.

인류 역사상 가장 강력한 국가이자 빛과 그림자가 공존하지만, 때때로 진정한 진보적 민주주의 전통을 보여 주었던 나라에서 이런 문제들은 결코 사소한 일이 아닙니다.

C. J. 폴리크로니우

|||| 세계 체제의 주변부에 있는 국가들이 점차 워싱턴의 영향력에서 벗어나려는 움직임을 보이고 있으며, 새로운 국제 질서를 요구하는 목소리도 점점 더 커지고 있는 듯합니다. 사우디아라비아조차도 이란에 이어 중국과 러시아가 주도하는 안보 블록에 참여하고 있습니다. 이러한 세계 질서의 재편성은 어떤 의미를 갖는 것일까요? 그리고 워싱턴은 이 과정이 더 깊어지는 것을 막기 위해 어떤 전술을 사용할 가능성이 있을까요?

— **노엄 촘스키**

|||| 올해 3월, 사우디아라비아는 상하이 협력기구 SCO에 가입

했습니다. 곧이어 중동의 또 다른 석유 강국이자 이미 중국의 해상 실크로드 중심지로 자리 잡은 아랍에미리트도 이 기구에 합류했습니다. 이 해상 실크로드는 인도 콜카타에서 출발해 홍해를 거쳐 유럽까지 이어지는 전략적 경로입니다.

이러한 변화들은 중국이 한때 적대 관계였던 이란과 사우디아라비아 사이의 외교적 화해를 중재한 직후에 벌어졌습니다. 그 결과 미국이 추진해 온 이란 고립과 정권 전복 시도는 중대한 제약을 받게 되었죠. 비록 워싱턴은 이를 대수롭지 않게 여긴다고 주장하지만, 실제로는 그 말을 그대로 믿기 어려운 상황입니다.

1938년, 사우디아라비아에서 석유가 발견되고 그 막대한 매장량이 파악된 이후, 이 나라를 통제하는 일은 미국 외교 정책의 최우선 과제 중 하나였습니다. 그런 사우디아라비아가 점차 독립적인 노선을 걷고, 더 나아가 중국 중심의 경제권으로 이동하고 있다는 사실은 워싱턴에 깊은 우려를 불러일으킬 수밖에 없습니다.

이것은 미국 중심의 세계 질서에 반하는 다극적 체제로의 전환을 상징하는 또 하나의 중대한 움직임입니다. 지금까지 미국은 이러한 글로벌 흐름에 효과적으로 대응할 전략을 제대로 개발하지 못했습니다. 이러한 전환은 다양한 요인에서 비롯되었으며, 그중에는 미국 사회와 정치 내부에 뿌리내린 자기 파괴적 요소들도 포함되어 있습니다.

C. J. 폴리크로니우

▓ 조직화된 기업 이익 단체들은 지난 200년 동안 미국 외교 정책에 결정적인 영향을 미쳐왔습니다. 하지만 오늘날에는 미국 외교 정책에 대한 기업의 지배력이 약해지고 있다는 주장이 제기되고 있으며, 중국에 대한 미국의 정책이 그 증거로 제시되고 있습니다. 즉, 워싱턴이 더 이상 중국 문제에 관해 기업의 목소리에 귀 기울이지 않고 있다는 것이죠.

그러나 우리는 자본주의 국가가 항상 기업계 전체의 이익을 위해 작동하되, 외교 정책의 실행과 외교 사안의 관리에서는 일정 수준의 독립성을 유지할 수 있으며, 다양한 요소들이 함께 작용한다는 점을 고려해야 하지 않을까요? 예를 들어, 쿠바에 대한 미국의 외교 정책이 국가가 자본가 계급의 경제적 이익으로부터 상대적인 자율성을 가지고 있다는 증거라고 보이는데요.

— **노엄 촘스키**

▓ 자본주의 국가를 '지배계급의 집행 위원회'로 묘사하는 것은 다소 과장된 표현일 수 있지만, 이는 실제로 존재해 온 어떤 현실을 과장한 것에 불과하며, 그 현실은 오랜 시간 동안 지속되어 왔습니다. 우리는 이를 이해하기 위해 자본주의 제국주의

초기 시기를 묘사한 애덤 스미스Adam Smith의 글을 떠올릴 수 있습니다.

그가 보기에 당시 영국 경제를 지배하던 이들은 '인류의 주인들'이었고, 이들은 국가 정책의 '주요 설계자'로서 다른 이들에게 얼마나 큰 해를 끼치든 상관없이 자기 이익을 철저히 보호하는 데에만 관심을 두었습니다. 여기서 말하는 '다른 사람들'에는 영국 국민도 포함되지만, 훨씬 더 큰 고통을 겪은 이들은 바로 그 '주인들'의 냉혹한 불의로 인해 파괴된 식민지 국민들, 특히 당시 세계에서 가장 부유한 사회 중 하나였던 인도 사람들이었습니다. 영국은 식민 지배 초기부터 인도의 기술을 조직적으로 약탈하고 파괴했으며, 그 결과 중국과 함께 세계 경제를 선도하던 인도 사회는 막대한 피해를 입게 되었습니다.

세계 질서를 관통하는 몇 가지 원칙은 오랜 시간 동안 유지되어 왔습니다. 미국의 외교 정책이 애덤 스미스의 격언과 얼마나 밀접하게 일치해 왔는지 다시 논의할 필요는 없을 것 같군요. 미국 외교 정책의 주요 원칙 중 하나는 국무부 관료들이 말한 '새로운 민족주의 철학'을 용납하지 않는다는 것이죠. 이 철학은 더 많은 사람이 부를 누리고 대중의 생활 수준을 높이려는 정책과 함께 한 나라의 자원을 개발할 때 그 자원의 혜택을 가장 먼저 받아야 할 사람은 그 나라 국민이라는 위험한 생각을 포함하고 있으니까요. 즉, 실제는 그와 달랐습니다. 가장 먼저 혜택을 보는 사람들은 미국을 중심으로 한 투자 계급이어야 했던 거죠.

이 강력한 교훈은 1945년, 미국이 주도해 소집한 '남북아메리카 회의'에서 라틴아메리카의 개발도상국들이 배워야 했습니다. 이 회의에서 채택된 '미주 경제 헌장'은 라틴아메리카 국가들이 자국의 자원을 자국민을 위해 활용하겠다는 '이단적인' 발상을 억제하는 데 목적이 있었습니다. 그리고 이는 라틴아메리카에만 국한된 것이 아니었죠.

80년 전, 세계는 마침내 대공황과 파시즘의 공포에서 벗어날 수 있을 것처럼 보였습니다. 더 정의롭고 인도적인 세계 질서를 향한 희망, 그리고 급진적 민주주의의 물결이 전 세계로 퍼져나가는 듯했죠. 하지만 미국과 그 보조적 동맹국인 영국의 가장 시급한 과제는 이러한 열망을 억누르고 기존의 전통적 질서를 복원하는 것이었습니다. 이들은 심지어 과거 파시스트 협력자들을 다시 권좌에 앉혔습니다. 이러한 전통 질서의 복원은 처음에는 내란을 통해 극심한 폭력과 함께 그리스에서 시작되었고, 이후 이탈리아를 거쳐 서유럽 전역과 아시아로 확대되었습니다. 러시아 역시 유사한 방식으로 자국 주변국들을 통제하려 했습니다. 이러한 일련의 흐름은 제2차 세계대전 이후 초기 세계 질서를 형성한 핵심 요소였습니다.

애덤 스미스가 말한 '인류의 주인들'은 대체로 국가 정책이 자신들의 즉각적 이익을 우선하도록 하지만 예외적인 경우도 존재합니다. 그리고 그러한 예외를 들여다보면, 정책이 실제로 어떻게 결정되는지를 더 잘 이해할 수 있게 됩니다.

대표적인 사례가 쿠바입니다. 우리가 방금 논의했던 주제이기도 하죠. 쿠바에 대한 미국의 제재 정책에 반대하는 것은 비단 세계 다른 나라들만이 아닙니다. 미국 내부에서도 에너지, 농업, 그리고 특히 제약 산업과 같은 강력한 기업들은 쿠바의 발전된 산업과 협력하길 원하고 있습니다.

하지만 미국 행정부는 이를 막고 있습니다. 이유는 단순합니다. 개별 기업들의 단기 이익보다 '국가의 장기 전략적 이익'이 우선시되기 때문입니다. 이러한 접근은 '먼로 독트린'에서 유래한 미국 외교 정책의 기조를 지키기 위한 것이며, 국무부는 60년 전부터 이 원칙을 강조해 왔습니다. 간단히 말해, 미국의 정책에 감히 도전하는 선례는 절대 허용되어서는 안 된다는 논리인 셈이죠. 이런 논리는 마피아 두목이라면 쉽게 이해할 수 있을 겁니다. 같은 사람이더라도 기업의 CEO로 있을 때와 국무부에서 일할 때 서로 다른 선택을 할 수 있죠. 하지만 결국 추구하는 이익은 동일합니다. 단지 그 이익을 실현하는 방식과 관점이 역할에 따라 달라질 뿐인 것이죠.

또 다른 대표적인 사례는 이란입니다. 1953년, 이란의 의회 정부는 자국의 막대한 석유 자원을 자국민의 이익을 위해 직접 통제하려는 시도를 했습니다. 하지만 문제는 앞서 언급했듯이 '한 나라의 자원을 개발할 때, 그 혜택을 가장 먼저 받아야 할 사람은 그 나라 국민이다'라는 생각 자체가 미국과 영국 같은 강대국들에는 용납할 수 없는 '일탈'로 간주되었다는 점입니다. 당시까지 이란을 실질적으로 지배해 온 영국은 더 이상 이란을 제어할 힘이 없었고, 결국 미국에 개입을 요청했습니다. 미국은 이에 응답해 이란 정부를 전복시키고, 친미 독재자인 샤Shah의 정권을 세웠습니다. 이때부터 영국의 식민 유산을 이어받은 미국의 이란 탄압 정책이 시작되었고, 그 영향은 오늘날까지도 계속되고 있습니다.

하지만 여기에는 문제가 있었습니다. 영국을 도와주는 협상의 일환으로 워싱턴은 영국이 보유하던 이란 내 석유 채굴권의 40%를 미국 기업들이 확보해야 한다고 요구했지만, 당시 미국 기업들은 단기적이고 편협한 이해관계 때문에 이 제안을 꺼렸습니다. 사우디아라비아와의 관계에 악영향을 줄 수 있었기 때문이죠. 또한 사우디아라비아에서는 자원 개발에 드는 비용이 상대적으로 낮고, 수익성은 오히려 더 높았기 때문입니다. 이에 아이젠하워 행정부는 반독점 소송을 걸겠다고 위협했고, 결국 기업들은 마지못해 협조할 수밖에 없었습니다. 물론 이 협상이 기업들에 큰 손실을 안긴 것은 아니었지만 그들은 원치 않았던 결정이었습니다.

워싱턴과 미국 기업들 간의 갈등은 현재까지도 지속되고 있습니다. 쿠바 사례와 마찬가지로 유럽과 미국의 다국적 기업들은 이란에 대한 미국의 가혹한 제재에 강하게 반대하고 있지만, 결국 그 제재를 따를 수밖에 없어 수익성 높은 이란 시장에서 배제되고 있습니다. 다시 말해, 이란이 미국의 정책에 성공적으로 저항했다는 사실에 대해 '국가적 차원의 벌'을 주려는 전략적 판단이 기업들의 단기적 이윤이라는 좁은 이해관계보다 더 우선시되고 있는 셈입니다.

오늘날 중국은 훨씬 더 큰 사례입니다. 유럽과 미국의 기업들은 워싱턴이 '중국의 기술 혁신 속도를 늦추겠다'며 강경한 입장을 취하는 동안 풍요로운 중국 시장에 대한 접근 기회를 잃고 있다는 점에서 큰 불만을 갖고 있습니다.

한편, 미국 기업들은 우회할 방법을 이미 찾아낸 듯합니다. 아시아 비즈니스 매체 분석에 따르면, 베트남, 멕시코, 인도가 중국에서 수입하는 품목과 미국으로 수출하는 품목 사이에 강한 연관성이 나타나고 있다고 합니다. 이는 중국과의 무역이 단절된 것이 아니라 다른 경로로 우회해 계속되고 있음을 시사하는 것이죠. 또한 "중국의 국제 무역 점유율은 꾸준히 증가하고 있으며, 2018년 이후 중국의 수출량은 25% 증가한 반면, 산업 선진국들의 수출량은 정체 상태에 머물고 있다."라고 보고했습니다.

　유럽, 일본, 한국의 산업계가 미국의 목표인 '중국의 발전 저지'를 위해 중국이라는 핵심 시장을 포기하라는 요구에 어떻게 반응할지는 아직 불확실합니다. 하지만 만약 그 요구를 따른다면, 그 대가는 이란이나 쿠바 시장을 잃는 것과는 비교할 수 없을 만큼 큰 타격이 될 것입니다.

C. J. 폴리크로니우

▌▌▌▌ 200년도 넘는 오래전 임마누엘 칸트Immanuel Kant는 국가들이 서로 공존할 수 있는 유일한 합리적인 방법으로 '영구평화론'을 제시했었죠. 하지만 영구평화는 여전히 신기루처럼 도달할 수 없는 이상으로 남아 있습니다. 그렇다면 영구평화를 실현하기 위해서는 세계 정치 질서가 지금처럼 민족국가를 중심으로 하는 현재의 질서에서 벗어나는 것이 꼭 필요한 전제조건일까요?

── **노엄 촘스키**

▌▌▌▌ 칸트는 '이성'이 온화한 세계 정치 질서를 이끌어 내고, 결국 영구적인 평화를 실현할 것이라고 믿었습니다. 하지만 또 다른 위대한 철학자 버트런드 러셀Bertrand Russell은 세계 평화의

가능성에 대해 질문을 받았을 때, 사뭇 다른 시각을 내비쳤죠. 그는 이렇게 말했습니다.

"오랜 세월 동안 지구에는 해롭지 않은 삼엽충과 나비가 존재했지만, 진화가 계속되면서 결국 네로, 칭기즈칸, 히틀러 같은 존재들이 나타났다. 하지만 이것은 일시적인 악몽이라 믿는다. 머지않아 지구는 다시 생명을 지탱할 수 없는 상태가 될 것이고, 그리하여 생명체가 존재하지 않게 된 그때에야 비로소 평화가 찾아올 것이다."

저는 러셀이나 칸트 같은 위대한 사상가들과 어깨를 나란히 할 수 있는 사람은 아니지만, 이 한마디는 덧붙이고 싶습니다. 인간은 러셀이 예측했던 것보다 더 나은 길을 선택할 수 있는 능력을 지니고 있다고 믿고 싶습니다. 비록 우리가 칸트가 말한 이상적인 평화에 도달하지 못하더라도 말이죠.

* 노엄 촘스키 *

인류의 운명을 가르는 두 위협, 침묵 속에 묻히다

2022년 7월 13일

C. J. 폴리크로니우

▎ 노엄, 러시아의 우크라이나 침공은 여러 예기치 못한 결과들을 초래했습니다. 그중 하나는 아직 충분히 논의되지 않았지만 매우 중대한 사안입니다. 바로 핵무기, 특히 저위력 핵무기의 사용이 거의 '정상화'되고 있다는 점입니다. 실제로 이번 전쟁의 전개 과정에서 러시아가 핵무기를 사용할 수 있는 다양한 시나리오가 거론되었고, 침공 초기에는 푸틴 대통령이 자국의 핵전력을 고도의 경계 태세로 전환하라는 명령을 내리기도 했습니다.

최근에는 '단극 체제의 시대는 끝났다'는 발언과 함께 러시아가 주권을 수호하기 위해 핵무기를 사용할 수 있다는 입장을 다시금 강조하기도 했죠. 반면, 프랜시스 후쿠야마 같은 인물은 "핵전쟁 가능성은 사람들이 지나치게 걱정할 일이 아니다."라고 하면서 핵전쟁에 이르기 전까지는 여러 단계의 제어 장치가 존재한다고 주장합니다.

그렇다면 사람들은 어떻게 해서 이렇게 핵무기를 '당연한 것'처럼 받아들이게 된 걸까요?

── **노엄 촘스키**

▥ 중요한 이슈들을 논의하기에 앞서, 우리가 무엇보다도 명확히 기억해야 할 점이 있습니다. 오늘날의 중대한 문제들을 해결하기 위해 강대국들이 협력할 방법을 찾지 못한다면, 우리 사회는 너무나 심각하게 파괴되어 어떤 문제에도 관심을 가질 여유조차 없게 될 것입니다. 이 본질적인 진실을 직시하는 순간, 그 외의 모든 사안은 부차적인 것으로 느껴집니다. 어쩌면 우리는 지금 인류 역사의 마지막 단계에 서 있는지도 모릅니다. 이 점은 아무리 강조해도 지나치지 않습니다.

캐나다의 베테랑 언론인이자 정치 분석가인 린다 맥콰이그Linda McQuaig는 《토론토 스타Toronto Star》에 "방금 TV에서 아마 내가 들어본 말 중 가장 어리석은 발언을 들었다. 그 어리석음의 수준은 정말 대단했다."라고 썼습니다.

그녀가 지목한 인물은 미국의 저명한 정치학자 프랜시스 후쿠야마였고, 그렇게까지 혹평한 발언은 바로 그의 다음과 같은 말이었습니다. 요약하자면 '핵전쟁에 대해 걱정할 필요는 없습니다. 제 말을 믿으세요'라는 취지였죠. 그런데 이 발언을 굳이 옹호하자면, 이는 단지 자주 들을 수 있는 통념일 뿐만 아니라 실제로 미국의 공식 정책 속에 암묵적으로 내포되어 있다고도 볼 수 있습니다.

지난 4월, 로이드 오스틴 미 국방장관은 워싱턴의 우크라이나 전쟁 목표에 대해 '러시아가 다시는 이런 침공을 하지 못하도록 약화시키는 것'이라고 밝혔습니다. 그는 이 발언으로 대통령의 질책을 받았지만 백악관 측은 비록 조 바이든 대통령이 공개적으로 블라디미르 푸틴을 자극해 전쟁을 확대하길 원하지는 않았더라도 이 전략이 실질적인 장기 목표임을 부인하지 않았습니다.

그렇다면 장기적인 전략이란 결국 러시아를 약화시키기 위해 전쟁을 지속적으로 끌고 가겠다는 뜻이겠죠. 하지만 그 정도의 접근도 100년 전 '베르사유 조약' 당시 독일에 가해졌던 처우보다 훨씬 더 가혹한 것입니다. 그리고 그 당시에도 제재를 통해 독일을 억누르겠다는 목표는 결국 달성되지 못했습니다.

그 장기 전략은 최근 북대서양조약기구 정상회의에서 충분히 분명하게 재확인되었습니다. 이 회의에서는 핵심 원칙에 기반한 새로운 '전략 개념'이 제시되었는데, 그 핵심은 다음과 같습니다.

"우크라이나 문제에 있어서 외교는 없다. 오직 러시아를 '약화시키기 위한 전쟁'만 있을 뿐이다."

이러한 내용이 TV에서 나왔던 그 '가장 어리석은 발언'과 사실상 다를 바 없다는 건, 특별한 통찰력이 없어도 쉽게 알 수 있습니다.

이 전략에는 암묵적인 전제가 깔려 있습니다. 뭘까요, 미국과 그 동맹국들이 러시아를 충분히 약화시킬 때까지 러시아의 지도자들은 그저 조용히 지켜보기만 하고, 러시아가 보유하고 있는 고급 무기들을 사용하지 않을 것이라는 가정이죠. 그럴 수도 있겠죠. 하지만 이것은 단지 우크라이나인의 운명만을 건 것이 아니라 그보다 훨씬 더 많은 것을 위태롭게 하는 매우 위험한 도박입니다.

이 엄청난 어리석음을 굳이 변호해 본다면, 그것이 이미 일반적인 상식처럼 받아들여지고 있다는 점을 들 수 있을 겁니다. 지난 75년간의 충격적인 역사는 우리에게 매우 분명한 사실 하나를 보여 줍니다. 우리가 핵전쟁, 특히 주요 강대국들이 직접 맞붙는 종말적 전쟁을 피해 온 것은 거의 기적에 가까운 일이었다는 점이죠. 그럼에도 불구하고 많은 사람은 그 사실을 아무렇지 않게 무시해도 된다는 듯이 행동합니다.

예를 들자면, 그 사례는 무수히 많습니다. 하나만 들어보죠. 예일대학교의 기후 변화 커뮤니케이션 프로그램은 주요 쟁점에 대한 여론을 가장 신중하고 정밀하게 조사하는 연구 중 하나로 꼽힙니다. 이 프로그램은 주로 기후 위기에 초점을 맞추고 있지만, 그 연구 범위는 훨씬 더 넓은 영역에 걸쳐 있습니다. 가장 최근에 발표된 연구에서는 현재 주요한 이슈 29가지를 제시하고, 참가자들에게 다가오는 11월 선거에서 이들 이슈의 중요도를 순위로 매기도록 했습니다. 그런데 놀랍게도 핵전쟁은 언급조차 되지 않았죠. 핵전쟁의 위협은 매우 심각할 뿐 아니라 점점 더 커지고 있으며, 종말적 파괴로 이어질 수 있는 현실적인 시나리오들이 얼마든지 상상 가능합니다.

하지만 우리의 지도자들과 '이름난 정치학자들'은 직접적으로든, 암묵적으로든 이렇게 말해요.

"걱정할 필요 없다. 우리 말을 믿어라."

그 조사에서 빠진 항목들만 놓고 봐도 이미 충분히 우려스럽지만, 포함된 내용 역시 그에 못지않게 충격적이었습니다. 조사를 수행한 여론조사 책임자들은 "등록된 유권자들은 전반적으로 지구 온난화가 투표 이슈 순위에서 24번째로 중요하다고 낮게 평가했습니다."라고 밝혔습니다.

　이 문제는 핵전쟁과 더불어 인류 역사상 가장 중대한 사안 중 하나일 뿐입니다. 그런데 자세히 들여다보면 상황은 더욱 심각합니다. 몇 달 안에 공화당이 미국 의회를 장악할 가능성이 있습니다. 공화당 지도부는 국민의 의사와 무관하게 사실상 영구적인 정치 권력을 유지하려는 의도를 숨기지 않고 있으며, 초보수적 성향의 대법원이 그들에게 협조함으로써 실제로 그 목표가 실현될 가능성도 배제할 수 없습니다. 그 정당은 사실 엄밀히 말해 '정당'이라는 명칭조차 과분할 수 있지만, 예의를 갖춰 그렇게 불러준다면 그들은 2009년 코크Koch 재벌의 압박에 굴복한 이후로 지구 온난화에 대해 100% 부정하는 태도를 유지했고, 지도부는 그 입장을 지지층 전체에 퍼뜨렸습니다. 예일대학교의 조사에 따르면, 중도 성향의 공화당원들은 지구 온난화를 29개 이슈 중 28번째로 평가했고, 나머지 공화당원들은 아예 29번째, 즉 가장 중요하지 않은 사안으로 간주했습니다.

　인류 생존이 직결된 두 가지 중대한 문제, 그야말로 인류 역사상 가장 중요한 이슈들이 머지않아 세계 최강국의 정책 의제에서 완전히 사라질지도 모릅니다. 이는 트럼프 집권 4년 동안 우리가 겪었던 암울한 현실이 다시 반복되는 것이나 다름없습니다.

물론 그런 문제들이 정책 의제에서 완전히 사라지는 것은 아닙니다. 여전히 명성과 경륜을 갖춘 이성적인 목소리들이 존재하죠. 10여 년 전, 윌리엄 페리William Perry, 헨리 키신저Henry Kissinger, 조지 슐츠George Shultz, 샘 넌Sam Nunn 등 네 명의 전직 고위 인사들은 《월스트리트》 저널에 공동 기고한 칼럼에서 "핵무기에 대한 세계의 의존을 줄이고, 그것들이 위험한 세력에게 확산되는 것을 막으며, 궁극적으로는 핵무기를 지구적 위협에서 제거해야 한다."라고 주장했습니다.

그들만이 아닙니다. 지난달(6월 21~23일), 2017 핵무기금지조약의 당사국들이 처음으로 회의를 열었습니다. 이 회의에서 참가국들은 '점점 더 거세지는 핵무기 사용 위협 발언'을 지적하며 비엔나 선언을 발표했습니다. 이 선언은 핵무기 사용 또는 사용 위협을 국제법, 특히 유엔 헌장에 대한 위반이라고 규탄하며, "모든 핵보유국은 어떤 상황에서도 핵무기를 사용하거나 사용하겠다고 위협해서는 안 된다."라고 강력히 요구했습니다. 물론 핵보유국들은 지금까지 이 조약TPNW에 가입하기를 거부해 왔습니다. 하지만 대중의 압력이 커진다면, 그 입장이 바뀔 가능성도 있겠죠. 과거에도 우리는 시민 사회의 힘이 실제 변화를 이끌어 낸 사례들을 여러 차례 목격해 왔으니까요.

8월에 열릴 제10차 핵확산금지조약NPT 평가 회의는 조직화된 대중이 조약의 핵심 조항, 즉 핵무기의 재앙으로부터 지구를 보호하기 위해 '선의의 노력'을 기울여야 한다는 의무를 이행하라고 요구할 수 있는 중요한 계기가 될 것입니다. 이러한 국제적 노력이 이어지는 과정에서 핵무기가 초래하는 엄청난 위협을 실질적으로 줄이는 데 초점을 맞출 수 있을 것입니다.

하지만 이 인류 역사상 가장 중요한 두 가지 문제가 사람들의 관심에서 멀어진다면, 이러한 변화의 노력은 일어나지 않을 겁니다. 그중 하나는 거의 완전히 잊히고 있고, 다른 하나는 우리가 살 만한 세상을 만들기 위해 필요한 관심의 일부조차도 받지 못하고 있습니다.

우리는 강자들의 손에 쥐어진 도구처럼 그저 수동적인 관찰자로 머물러서는 안 됩니다. 그것은 피할 수 없는 운명이 아니라 우리의 선택이라는 사실을 잊지 말아야 합니다.

C. J. 폴리크로니우

▮▮▮▮▮ 최근 우크라이나 대통령 볼로디미르 젤렌스키는 CNN과의 인터뷰에서 러시아가 우크라이나에서 핵무기를 사용할 가능성을 세계가 심각하게 받아들여야 한다고 경고했습니다. 하지만 정작 본인도 과거 여러 차례 우크라이나가 핵무기 개발에 나서야 한다는 뉘앙스를 내비친 바 있죠. 이는 우크라이나가 핵확산금지조약에 가입한

국가임에도 불구하고 나온 말입니다. 실제로 우크라이나가 핵무기 개발 능력을 갖추고 있는지는 불확실하지만, 그러한 선택은 결국 자멸로 이어질 수 있지 않을까요?

─ **노엄 촘스키**

완전히 자멸적인 일이죠. 핵무기 개발을 향한 첫 시도만으로도 강력한 보복을 초래할 것이고, 이후에는 갈등 수위가 점점 더 격화될 겁니다. 그런데 지금 세계 지도자들이 보여 주는 이성의 수준을 고려하면, 그런 일이 정말로 일어나지 않을 거라고 단언할 수 있을까요?

C. J. 폴리크로니우

푸틴은 러시아가 핵 비확산 문제에 대해 대화할 의지가 있다고 공개적으로 밝혔지만, 미국 측은 러시아의 우크라이나 침공을 핵확산금지조약NPT을 뒤흔들려는 시도로 보고 있는 듯합니다. 이 문제에 대한 당신의 견해를 듣고 싶습니다.

─ **노엄 촘스키**

우선 우리가 주목해야 할 것은 이것입니다. 강대국들이 오늘날의 중대한 문제들을 해결하기 위해 협력할 방안을 찾거나, 아니면 인간 사회가 너무도 심각하게 파괴되어 더는 누구도 관심조차 두지 않게 되거나, 결국 선택지는 이 둘뿐이라는 점입니다. 그러므로 모든 대화의 가능성은 진지하게 검토되어야 하며, 가능한 곳에서는 실제로 대화가 추진되어야 합니다. 곧 열릴 핵확산금지조약 평가 회의에서는 국제적 차원의 대화가 시도될 수도 있겠지요. 물론 그런 가능성을 '상상조차 할 수 없는 일'로 치부하고, 지난주 G20 회의에서 서방이 보여 준 태도처럼 행동할 수도 있을 겁니다. 당시 러시아 외무장관 세르게이 라브로프는 마치 열대 리조트 파티에 나타난 스컹크처럼 많은 이에게 외면당했습니다. 하지만 그를 완전히 배제한 것은 아니었습니다. 바로 이 마지막 사실이 결코 가볍게 넘길 수 없는 대목입니다. 서방은 세르게이 라브로프를 마치 스컹크처럼 취급하며 외면했지만, 그에 동참하지 않은 나라들도 분명히 존재했습니다. 라브로프를 환영한 인도네시아 주최 측을 비롯해 중국, 인도, 브라질, 튀르키예, 아르헨티나 등 그를 외면하지 않은 국가들이 적지 않았습니다.

이러한 상황은 다시금 다음과 같은 질문을 제기합니다. 새롭게 재편되고 있는 세계 질서 속에서 진정으로 고립되고 있는 쪽은 과연 누구인가? 이것은 결코 가벼운 질문이 아니며, 그저 무시되어서도 안 됩니다. 권력의 중심에 가까운 곳에서도 이 문제에 대해 진지한 성찰이 이뤄지고 있습니다.

그 한 예가 바로 세계 질서의 변화를 분석한 그레이엄 풀러 Graham Fuller의 견해입니다. 그는 CIA 국가정보위원회 부의장을 지낸 인물로 전 세계적 정보 평가를 책임졌던 바 있습니다. 그런 그가 내놓은 분석은 주제의 깊이와 통찰력 면에서 주목할 만한 가치를 지니고 있습니다.

그는 이번 전쟁의 본질과 그 뿌리에 대해 어떠한 환상도 갖고 있지 않습니다. 그는 범죄적 침략의 직접적인 책임이 푸틴과 그의 측근들에게 있다는 점에 대해선 논란의 여지가 없다고 분명히 합니다. 하지만 이차적 비난은 미국과 북대서양조약기구에 있다고 지적합니다. 즉, 러시아의 반복적인 '레드라인' 경고에도 불구하고 미국과 나토가 그들의 적대적 군사 조직을 러시아 국경 근처까지 계속 밀어붙이면서 의도적으로 전쟁을 유발했다는 것입니다. 핀란드나 오스트리아처럼 우크라이나의 중립이 받아들여졌다면, 이 전쟁은 피할 수 있었을지도 모르지만 미국은 그런 중립 대신 러시아의 명백한 패배를 요구하는 쪽을 택했다고 분석합니다.

그는 이 갈등을 '우크라이나-러시아 전쟁'이 아니라 '마지막 우크라이나인까지 싸우게 만든 미국과 러시아 간의 대리전쟁'으로 규정합니다. 그리고 라틴아메리카, 인도, 중동 및 아프리카 등 대다수 지역은 이 전쟁이 본질적으로 러시아를 겨냥한 미국의 전략적 충돌이라는 점에서 자국의 실질적인 이익을 거의 발견하지 못하고 있다고 지적합니다.

G20 회의에서 러시아를 외교적으로 외면하지 않으면서도 침공 자체에 대해서는 비판적 입장을 보인 국가들조차 미국과 서방이 표출한 분노에 큰 무게를 두지 않았습니다. 아마도 그들은 미국이 과거에 저지른 수많은 폭력적 행위에 대해선 왜 비슷한 비난이나 배척이 없었는지를 되묻고 있었을 겁니다. 그런 기억은 많은 국가에 생생하고 고통스러운 현실로 남아 있습니다. 원칙을 가장 자주 위반하면서도 거의 제재받지 않는 국가가 외치는 도덕적 원칙에 진지하게 귀 기울이기란 쉽지 않겠죠.

풀러는 이어서 이렇게 말합니다. 유럽은 이미 이번 전쟁으로 심각한 피해를 입고 있으며, 조만간 '값싼 러시아산 에너지 수입으로 돌아갈 수밖에 없을 것'이라고요. 현실적으로 선택지가 많지 않기 때문이죠. 러시아는 유럽의 문 앞에 있고 러시아와 경제적으로 다시 가까워지는 것은 결국 불가피한 선택이 될 겁니다. 더 나아가 유럽이 중국과의 충돌이라는 또 다른 실수를 감당할 여유조차 없다고 지적합니다.

중국을 '위협'으로 간주하는 것은 주로 워싱턴의 시각이며, 여러 유럽 국가와 세계 대부분의 지역에서는 크게 설득력을 갖지 못합니다. 유럽이 중국의 '일대일로'—帶—路 구상에서 스스로를 고립시키는 선택을 한다면, 그에 따른 대가는 결코 가볍지 않을 것입니다.

일대일로는 현대에 들어 가장 광범위한 경제·지정학적 프로젝트 중 하나로 러시아를 경유해 유럽까지 철도와 해상 경로로 이어지고 있습니다. 풀러는 우크라이나 전쟁이 끝난 이후, 유럽은 과연 워싱턴의 세계 패권 유지를 위한 절박한 시도를 지지해 온 것이 자신들에게 어떤 실질적 이익을 가져다주었는지를 근본적으로 되짚어보게 될 것이라고 전망합니다.

이처럼 미국이 필사적으로 패권을 유지하려는 시도는 또 다른 결과를 초래했습니다. 바로 러시아의 지정학적 방향성이 이제 결정적으로 유라시아 쪽으로 기울었다는 점입니다. 이제 러시아 엘리트층은 자국의 경제적 미래가 태평양 지역에 있다는 사실을 받아들이는 것 외에는 다른 선택지가 없습니다. 블라디보스토크는 베이징, 도쿄, 서울과 같은 거대한 경제 중심지에서 비행기로 불과 한두 시간이면 닿을 수 있는 거리입니다.

중국과 러시아는 이제 미국이 전 세계적으로 일방적인 군사적·경제적 개입을 제약 없이 감행하려는 움직임에 대한 공통된 우려 속에서 더욱 긴밀하게 결속되고 있습니다. 미국이 자초한 이 러시아-중국 협력을 다시 갈라놓을 수 있다는 생각은 환상에 불과합니다. 러시아는 과학기술 역량은 물론 풍부한 에너지 자원과 희귀 광물, 금속 자원을 보유하고 있으며, 지구 온난화는 오히려 시베리아의 농업 잠재력을 확대시키고 있습니다. 한편, 중국은 자본과 시장, 노동력을 갖추고 있어 유라시아 전역에 걸쳐 '자연스러운 파트너십'의 핵심적인 역할을 할 수 있습니다.

풀러의 견해는 결코 그 혼자만의 생각이 아닙니다. 《이코노미스트》는 최근 '유라시아라는 개념이 다시금 지정학의 핵심으로 떠오르고 있다'고 보도했습니다. 해당 기사는 현대 지정학의 창시자로 알려진 해퍼드 매킨더Halford Mackinder의 사상을 다시 조명하며, 그가 중앙아시아의 심장부를 지배하는 것이 곧 세계를 지배하는 열쇠라고 주장했던 점을 상기시킵니다. 이러한 개념들이 우크라이나 전쟁을 계기로 다시 주목받고 있으며, 지금 전개되고 있는 지정학적 변화는 앞으로의 세계 질서에 깊은 영향을 미칠 수도 있습니다.

그는 이번 사태에서 가장 우려스러운 측면 중 하나로 '언론의 극심한 타락'을 꼽습니다. 그는 이렇게 말합니다.

"지금은 러시아에 대한 격렬한 선전이 쏟아지는데, 냉전 시절에도 이런 수준의 선전 선동은 본 적이 없다. 진지한 분석가라면 지금 우크라이나에서 실제로 무슨 일이 벌어지고 있는지를 객관적으로 이해하려면 아주 깊이 파고들어야 할 정도다."

그의 말은 분명 일리가 있습니다. 그리고 더 깊이 생각해 볼 점도 있죠. 현재 세계 질서를 형성하는 현재의 흐름이 결코 바꿀 수 없는 것은 아닙니다. 인간의 주체성은 여전히 살아 있으며, 특히 중요한 것은 조직된 시민들이 형식적인 위선과 정치적 연극을 끝내고 대화와 상생의 기회를 진지하게 모색할 것을 요구하는 힘입니다. 지금 우리가 가진 선택지가 그렇게 많지 않으며, 그 대안을 떠올리는 것만으로도 암울하기 때문입니다.

C. J. 폴리크로니우

|||||| 핵 군축 운동은 이미 1950년대 후반부터 시작되었습니다. 하지만 현실적으로 핵 군축이 이루어질 가능성은 희박하며 어쩌면 아예 불가능할지도 모릅니다. 핵 군축을 위해서는 국가 간의 신뢰가 전제되어야 하지만, 오늘날의 국제 현실에서는 그것이 거의 불가능하다고 봐야 합니다. 게다가 한 번 세상에 퍼진 '핵무기 개발 지식'이라는 요정을 다시 병 속에 가두는 일이 과연 가능할지조차 매우 의심스럽습니다.

그렇다면 핵전쟁을 피할 수 있는 가장 현실적인 방법은 무엇일까요?

─ 노엄 촘스키

▥ 대국 간의 핵전쟁, 다시 말해 종말 전쟁의 가능성을 줄일 수 있는 현실적인 방법들은 분명 존재합니다. 가장 시급한 과제는 '진지한 군비 통제 체제'를 마련하는 일입니다. 이러한 체제는 수십 년에 걸쳐 어렵게 구축되어 왔습니다.

그 시작은 1955년 드와이트 아이젠하워 대통령이 제안한 오픈스카이 조약[4]으로 거슬러 올라갑니다. 하지만 이마저도 2020년 5월, 트럼프 대통령이 무자비한 철거 작업을 벌이며 폐기해 버렸습니다. 그 외에도 중요한 진전들이 있었죠. 대표적인 것이 1987년 레이건과 고르바초프가 체결한 '중거리 핵전력 조약INF Treaty'입니다. 이 조약은 유럽에서 핵전쟁 발발 위험을 실질적으로 낮추는 데 큰 역할을 했습니다. 무엇보다도 이 조약의 성사는 당시 유럽과 미국 전역에서 일어난 대규모 반핵 시위의 압력 덕분이라는 점도 잊어서는 안 됩니다. 또 하나 중요한 이정표는 1972년에 체결된 '탄도탄 요격미사일ABM Treaty' 조약입니다. 이 조약을 통해 양측은 '전략 공격무기 경쟁을 억제하는 데 중대한 역할을 했다'는 데 공감대를 이뤘습니다.

---

4 **오픈스카이 조약** 군사력 배치 상황과 군사 활동 등의 투명성 확보를 위해 가입국 상호 간의 자유로운 비무장 공중정찰을 허용하는 국제협약

그런데 핵 억제를 위한 핵심 협정이었던 이 '탄도탄 요격미사일 조약'은 조지 W. 부시 대통령에 의해, '중거리 핵전력 조약'은 트럼프 대통령에 의해 폐기되었죠. 트럼프 행정부 말기에는 사실상 '뉴스타트 조약[5]' 외에는 거의 아무런 핵 군축 체제가 남아 있지 않은 상태였습니다. 바이든 대통령은 이 조약이 만료되기 불과 며칠 전에 간신히 폐기를 막아낼 수 있었죠. 이 조약은 그의 취임 직후에 만료될 예정이었습니다.

여기에 더해 트럼프는 유엔 안전보장이사회가 승인한 이란 핵 협상 합의서인 '포괄적 공동행동계획[6]'을 일방적으로 파기함으로써 또 하나의 파괴적인 조치를 취했습니다. 이는 현대 공화당이 세계 질서에 가한 또 하나의 중대한 부정적 기여로 평가될 수 있습니다.

우크라이나 전쟁의 큰 비극 중 하나는 핵전쟁의 위협을 줄일 수 있는 여러 수단이 지금 하나둘씩 사라지고 있다는 점입니다. 미국은 러시아와의 협상을 일종의 격하 행위로 간주하고 있으며, 이러한 비극은 파괴적인 선택을 정당화해 온 공화당이

---

5 **뉴스타트 조약** 2010년 4월 8일 체코 프라하에서 서명된 미국과 러시아 간의 핵무기 감축 협정
6 **포괄적 공동행동계획** 이란의 군사적 목적의 핵 개발을 막는 비핵화 협정

다시 권력을 장악할 가능성이 커지면서 더욱 심화되고 있습니다. 그럼에도 과거에 이성적인 선택을 이끌어 냈던 대중의 집단적 행동은 오늘날에도 여전히 유효한 힘입니다. 지금 가장 시급한 과제는 무너진 군비 통제 체제를 복원하는 것이며, 그 다음 단계로는 이를 뛰어넘는 새로운 진전과 제도적 틀을 모색하는 것이어야 합니다.

지금 이 순간에도 대중이 충분히 목소리를 낸다면 실현 가능한 조치들은 분명 존재합니다. 실제로 다가오는 8월에 열릴 핵확산금지조약 회의에서는 이러한 문제들이 본격적으로 논의될 예정입니다. 우리는 핵무기금지조약과 핵확산금지조약의 기존 목표를 넘어서 좀 더 근본적인 전환을 모색할 수 있는 또 다른 길을 향해 나아갈 수 있습니다. 특히 이번 회의에서 다시 부상할 가능성이 큰 주요 쟁점은 중동 지역의 '비핵지대' 구상입니다. 이는 국제적 안보를 위한 중대한 전환점이 될 수 있으며, 시민들의 집단적 압력이 그 실현을 앞당길 수 있습니다.

중동을 비핵지대로 만들자는 논의는 오랫동안 핵확산금지조약 평가 회의의 단골 의제로 다뤄져 왔습니다. 주로 아랍 국가들이 이 안건을 주도했으며, 실제로 이를 실현하지 않으면 조약 탈퇴도 불사하겠다는 강경한 입장을 취해 왔죠. 전 세계적으로는 이 구상에 대해 거의 전폭적인 지지가 모이고 있지만, 그 추진은 늘 미국 정부의 반대에 부딪혀 좌절되었습니다.

가장 최근 사례는 2015년, 버락 오바마 행정부가 중동 비핵지대 결의의 채택을 막은 일이 대표적입니다.

다시 한번 정리하자면, 중동 비핵지대 구상은 아랍 국가들과 이란, G77을 포함한 전 세계 대다수 국가의 지지를 받고 있고 유럽 역시 이에 반대하지 않습니다. 그런데도 미국은 여전히 이 구상을 단호히 거부하고 있습니다. 표면적으로는 다양한 외교적 명분을 내세우지만 그 속내는 분명합니다. 중동에서 유일하게 핵무기를 보유한 이스라엘의 존재는 어떤 식으로든 규제받아서는 안 된다는 것이 미국의 기본 입장인 것이죠.

이로 인해 이스라엘의 핵 보유 문제는 공식 협상 테이블에서 완전히 배제되어 있습니다. 《뉴욕타임스》조차 이를 우회적으로 인정합니다. 그들은 중동 전체를 포괄하는 비핵지대 대신 페르시아만 지역에 한정된 비핵지대를 제안하며, 이를 이란에 대한 '현실적인 해법'이라고 표현합니다. 하지만 아이러니하게도 이란은 현재 미국을 제외한 국제 사회의 합의를 성실히 따르고 있는 유일한 국가입니다.

미국은 이스라엘의 핵무기 시설을 공식적으로는 인정하지 않고 있습니다. 이는 미국 국내법상, 만약 이를 공식 인정할 경우 이스라엘에 대한 모든 미국의 지원의 정당성에 법적 의문이 제기될 수 있기 때문으로 보입니다. 이 문제는 미국 내 양당 모두가 오랫동안 철저히 외면해 온 금기 영역으로 여겨져 왔습니다. 그러나 최근 여론이 눈에 띄게 변화하면서 이 단단했던 금기의 틈새에도 균열이 생기고 있습니다. 예를 들어, 하원의원 베티 매컬럼은 이란이 팔레스타인 아동을 공격하는 데 미국의 군사 지원이 사용되지 않도록 금지하는 법안을 발의해 강한 반발을 샀죠.

핵무기금지 지대의 설립은 인류가 만들어 낸 괴물 같은 기술적 산물에 대한 전 세계적인 거부를 상징할 뿐만 아니라 핵무기 위협을 실질적으로 줄이는 데 있어 중요한 진전이 될 수 있습니다. 좀 더 정확히 말하자면, 이러한 금지 지대들이 실제로 실행에 옮겨진다면, 그 자체로 핵 군축에 있어 중대한 이정표가 될 것입니다. 하지만 이러한 조치들 대부분은 미국이 해당 지역 내에 핵무기 관련 시설을 유지하려는 집요한 입장 때문에 번번이 좌절되어 왔습니다. 이 문제는 앞서 살펴본 바 있죠.

중요한 것은 이 모든 방안이 지금 이 순간에도 핵전쟁이라는 인류 최악의 위협에 맞서기 위한 현실적이고도 긴급한 의제로 충분히 논의될 수 있다는 점입니다. 다시 한번 강조하건대, 이보다 더 시급한 과제는 없습니다. 지금의 중대한 위기를 해결하기 위해 강대국들이 협력하지 않는다면, 그 어떤 논의도 본질적으로 무의미해질 수밖에 없습니다.

* 노엄 촘스키 & 로버트 폴린 *

미래는 바꿀 수 있다, 지금 행동한다면

2022년 9월 08일

C. J. 폴리크로니우

▥ 노엄, 우크라이나 전쟁이 미치는 구조적 영향은 엄청나며, 그 안에는 경제적 충격, 식량 및 에너지 안보, 지정학적 측면, 그리고 기후 변화까지 포함됩니다. 기후 변화와 관련하여 우크라이나 전쟁이 기후에 미치는 영향을 정확히 추정하기는 어렵지만, 현재의 지구 온난화 억제 노력에 실질적인 장애가 되고 있는 것은 분명합니다. 나아가 장기적인 기후 행동 전략과 실행 계획에까지 영향을 미칠 가능성이 높은 것 같습니다.

이 시점에서 묻고 싶습니다. 우크라이나 전쟁과 기후 위기 사이의 연결 지점은 정확히 무엇인지, 그리고 왜 각국 정부는 청정에너지 전환을 가속하기는커녕 오히려 석탄, 석유, 천연가스 등 화석연료에 대한 의존을 더욱 강화하는 걸까요?

── **노엄 촘스키**

▮▮▮▮ 오늘날 세계를 객관적으로 바라보면, 이 세상이 화석연료와 군산 복합체(군사기관과 방위산업체가 상호 의존하고 결탁하면서 형성된 정치적·경제적 구조)의 손에 좌우되거나, 혹은 광기에 휩싸인 자들에 의해 운영되고 있다고 생각할지도 모릅니다. 어쩌면 둘 다일 수도 있고요. 과학적 연구 결과들은 충격적입니다. 과거의 암울한 경고조차도 지나치게 낙관적이었으며, 우리는 지금 놀라운 속도로 재앙을 향해 질주하고 있음을 수많은 데이터가 증명하고 있습니다. 그러나 굳이 연구 자료를 살펴보지 않더라도, 눈을 뜨고 세상을 바라보는 사람이라면 누구나 자연이 "이제 그만!"이라고 외치고 있음을 알 수 있죠. 극심한 폭염, 대규모 홍수, 치명적인 가뭄과 심각한 물 부족, 그리고 머지않아 사람이 살 수 없게 될 지경에 이른 광활한 지역들, 이 모든 것이 그 증거입니다.

우리는 어떻게 반응하고 있을까요? 그 본질을 잘 보여 주는 장면이 뛰어난 풍자 저널 《더 어니언The Onion》에 있습니다. 하지만 오늘날 현실은 어니언의 상상보다도 훨씬 더 심각합니다.

이것은 더 이상 농담이 아니라 실제로 벌어지고 있는 일이며, 《뉴욕타임스》조차 믿기 어려운 사실로 이를 보도한 바 있습니다.

> "마치 프란츠 카프카Franz Kafka의 소설에나 나올 법한 역설적인 상황에서 미국의 대형 석유 가스 기업인 코노코필립스ConocoPhillips는 기후 변화로 인해 빠르게 녹아내리고 있는 영구동토층을 다시 얼리기 위해 '냉각 장치'를 설치할 계획이다. 왜냐하면 영구동토층이 충분히 단단해야 석유 시추를 할 수 있기 때문이다. 하지만 아이러니하게도 그렇게 채굴된 석유가 연소되면(사용되면), 결국 지구 온난화를 가속화하고, 다시금 영구동토층의 해빙을 촉진하게 된다."

마크 트웨인Mark Twain은 자신의 신랄한 반전反戰 에세이에서 전쟁 가해자들을 향해 자신의 강력한 무기인 풍자를 휘둘렀죠. 그러나 그가 저명한 장군 프레더릭 펀스턴 장군에 이르렀을 때는 결국 두 손을 들고 절망했습니다. "펀스턴을 완벽하게 풍자하는 것은 불가능하다. 왜냐하면 펀스턴 자신이 이미 풍자의 정점에 서 있기 때문이다. 그는 살아 있는 풍자 그 자체다."라고 트웨인은 한탄했습니다.

지금 우리 눈앞에서 벌어지고 있는 일은 풍자로 구현된 거칠고도 잔인한 자본주의입니다. 그러니 심지어 마크 트웨인조차도 침묵했을 겁니다.

상황의 심각성을 이해하기 위해 몇 가지 핵심 사실을 짚어보겠습니다.

북극의 영구동토층에는 약 1조 7,000억 미터톤에 달하는 탄소가 얼어붙은 상태로 저장되어 있습니다. 그러나 인간이 초래한 지구 온난화는 이 막대한 양의 탄소 중 알 수 없는 규모를 대기 중으로 방출할 위험을 안고 있습니다. 현재까지는 북극에서의 온실가스 배출 중 이산화탄소가 상대적으로 큰 비중을 차지하고 있지만, 영구동토층과 토양이 녹으며 무산소 환경이 확산될 경우, 앞으로는 메탄의 방출 비율이 높아질 가능성이 있습니다. 메탄은 이산화탄소보다 훨씬 더 강력한 온실가스입니다. 게다가 북극에서 점점 더 자주 발생하고 있는 산불은 예측 불가능한 규모의 탄소 유출을 야기하고 있으며, 이는 기후 시스템을 더욱 불안정하게 만들고 있습니다.

탄소의 흐름은 세부적으로는 예측하기 어려울지 모르지만, 그로 인해 초래될 파괴의 윤곽은 충분히 짐작할 수 있습니다. 그렇다면 통제되지 않은 야만적 자본주의는 이에 어떻게 대응할 것 같나요? 답은 간단합니다. 최고의 두뇌들을 동원해 빙하 융해 속도를 '약간' 늦출 기술을 개발한 뒤, 그 기술을 발판 삼아 더 많은 독성 물질을 대기 중에 배출하며 수익을 극대화하는 방식이죠. 그 '부수적 효과'로는 북극 영구동토층에 갇혀 있던 탄소가 더욱 빠르게 방출되고, 결국 생명이 살아갈 수 없는 환경이 조성될 것입니다.

불행하게도 이러한 현실은 어디에서나 쉽게 목격할 수 있습니다. 우리는 일상 곳곳, 심지어 아주 사소한 구석에서도 풍자처럼 보이는 현실의 단면들을 마주하게 되죠. 예를 들어, 태양광 에너지에 대한 반대 논거 중 하나는 '토지 사용' 문제입니다. 이 주장은 특히 영국에서 자주 등장하는데, 아이러니하게도 영국 전역에서 골프장이 차지하는 면적이 태양광 발전 시설보다 네 배 이상 넓다는 것입니다. 이 통계는 정치경제학자 애덤 투즈Adam Tooze가 운영하는 '차트북Chartbook'에서 잘 보여 줍니다. 풍자라기보다는 현실 그 자체가 이미 스스로를 조롱하는 구조인 셈입니다.

우리가 직면한 현실은 그 자체로 하나의 풍자극이라 해도 과언이 아닙니다. 이 현실은 주요 경제 시스템이 얼마나 위험할 수 있는지, 그리고 그 시스템들이 자유롭게 풀려날 때 그 결과가 얼마나 치명적인지를 강렬하게 드러냅니다. 우리가 '문명'이라 부르는 것이 앞으로 나아가는 방향을 생각해 보면, 그 문명 속에서 지배적인 시스템들이 초래할 미래를 상상하는 것만으로도, 이것보다 더 적확한 묘비명은 없을 것입니다.

우크라이나 전쟁은 이 집단적인 광기의 자연스러운 일면입니다. 푸틴의 공격과 그에 따른 제재의 결과 중 하나는 유럽, 특히 경제의 중심지인 독일 기반 시스템이 의존하는 러시아의 화석연료 흐름을 제한하는 것이죠. 유럽에 대한 경제적 결과는 심각하지만 미국은 거의 영향을 받지 않으며, 러시아 역시 지금은 유가 상승 덕분에 상당히 큰 이익을 보고 있고, 게다가 러시아는 유럽 외에도 여전히 많은 에너지 수요국을 확보하고 있는 상황이죠.

유럽은 러시아산 화석연료를 대체할 새로운 석유와 가스 공급원을 찾고 있으며, 이는 미국의 화석연료 산업에 커다란 행운으로 작용하고 있습니다. 미국은 새로운 시장과 광범위한 시추 기회를 확보함으로써 지구 생태계를 더욱 효과적으로 파괴할 수 있는 수단을 손에 넣게 된 셈입니다. 한편, 군수 산업은 살상과 파괴가 계속되면서 그 어느 때보다 흥분해 있습니다.

하지만 시민들의 견해는 다릅니다. 예를 들어, 독일에서는 인구의 77%가 '서방이 우크라이나 전쟁을 종식하기 위한 협상을 시작해야 한다'고 믿고 있죠. 이 끔찍한 전쟁을 신속히 끝내야 할 다른 이유들도 많지만, 그중 제일 중요한 건 조직된 인간 사회의 운명일 겁니다. 우크라이나 전쟁은 환경 파괴라는 점점 심각해지는 위기를 해결하려는 제한적인 노력마저도 원점으로 되돌려 놓았습니다. 지속 가능한 에너지 체제로의 신속한 전환은 그 어느 때보다 절실하지만, 정치 지도자들이 택한 길은 그 반대 방향이었습니다. 오히려 그들은 파멸로 향하는 경쟁을 더욱 가속하는 길을 택했죠.

이 중대한 전환의 시점에서 우리가 무엇을 해야 하는지에 대해, 경제학자이자 정치 분석가인 토머스 팰리Thomas Palley는 주목할 만한 통찰을 제시합니다. "유럽연합은 러시아와의 무역 및 상업 관계를 구축해야 한다. 이는 경제적으로 완벽한 조합이다. 러시아는 풍부한 자원을 보유하고 있으며 기술과 자본재가 필요하고 반면, 유럽은 기술과 자본재를 보유하고 있으며 자원이 필요하다."라고 주장합니다. 그리고 좀 더 넓은 관점에서 그는 다음과 같은 근본적인 재조정의 방향을 제안합니다.

"우리가 해야 할 일은 미국의 유럽 내 영향력을 축소하고 유럽연합을 강화하며, 1990년 미하일 고르바초프 대통령이 구상했던 대로 러시아를 유럽 가족에 포함하게 하는 근본적인 재조정이다. 고르바초프는 리스본에서 블라디보스토크까지 어떤 군사 동맹도, 승자나 패자도 없는 '공동의 유럽 집'을 제안했으며, 더 정의로운 사회민주주의적 미래를 향해 나아가는 공동의 노력을 추구했다. 그 이상을 바라지는 않더라도 말이죠."

그는 또한 "그 목표에 도달하는 것은 점점 불가능해 보인다."라고 말했습니다. 그러나 위대한 강대국들 사이의 타협은 반드시 이루어져야 하며, 그것도 조속히 실현되어야만 우리가 인간다운 생존에 대한 최소한의 희망이라도 가질 수 있습니다. 심각한 위기를 해결하려면 협력이 절대적으로 요구되는 이 시점에 오히려 한정된 자원을 학살과 파괴에 쏟아붓는 광기는 결코 정당화될 수도, 용납될 수도 없습니다.

고삐 풀린 야만적 자본주의는 인류에게 사형선고와 같습니다. 이 사실은 이미 오래전부터 명확했으며, 오늘날에는 그 자체가 풍자의 대상이 될 만큼 비극적 현실로 드러나고 있습니다. 여기서 중요한 단어는 '고삐 풀린'입니다. 그 통제권은 사적 권력을 증대시키고 세계 지배를 추구하는 정치 세력보다 더 높은 목표를 가진 사람들, 즉 고르바초프가 제시했던 비전, 즉 군사적 패권이 아니라 협력을 바탕으로 한 공동의 미래를 추구하는 이들의 손에 있어야 합니다. 또 가능하기도 하고요.

경제적·정치적 영역에서의 장벽뿐만 아니라 기존 권력 구조를 명확히 하고 보호하는 교리적 체계 내의 장벽 역시 결코 과소평가해서는 안 됩니다. 이 문제는 특히 미국에서 매우 중요한 사안이며, 그 이유는 너무도 자명해서 굳이 설명할 필요조차 없을 것입니다.

지배적인 교리 체계 내의 장벽은 최근 《포린 어페어스Foreign

Affairs》에 실린 시사적인 에세이 '푸틴이 원하는 세계'에서도 잘 드러납니다. 저자인 피오나 힐Fiona Hill과 안젤라 스텐트Angela Stent는 모두 전통적인 시각보다는 상대적으로 자유주의적 입장에서 잘 알려진 외교 정책 분석가들입니다.

그들의 글은 미국 엘리트들이 자신의 이념에 갇혀 현실과는 동떨어진 '대체 현실'을 스스로 만들어 낸다는 점을 강조합니다. 이러한 고립된 사고방식 속에서 이들은 국제 사회에서 자신들의 행동이 어떻게 받아들여지는지, 그 반응을 제대로 이해할 수 없는 상황에 처해 있다는 것입니다.

저자는 세계 대부분의 국가, 즉 개발도상국들을 강하게 비판하며, 러시아가 '이웃 국가에 대해 무차별적인 공격을 시작하여 유엔 헌장과 국제법을 위반했다'는 미국의 깊은 우려에 동참하지 않았다고 지적합니다. 이들 개발도상국은 심지어 '러시아가 우크라이나에서 하는 일이 미국이 이라크나 베트남에서 했던 것과 다르지 않다'고 주장한다는 것이죠. 또한 저자는 세계 다수 국가가 미국의 고결함과 국제 현실에 대한 '올바른 이해'에 도달하지 못하는 이유를 푸틴의 책략 탓으로 돌립니다. 그러나 이러한 맹목적인 자기 확신과 외교적 편협성은 어떻게 설명할 수 있을까요?

예를 들어, 외부의 시각에서 보면 사람들은 미국이 유엔 헌장과 국제법을 위반하며 무차별적인 공격을 감행하는 세계 최대의 국가라는 사실을 쉽게 알아챌 수 있습니다. 그리고 그들은 미국이 이라크와 베트남에서 벌인 전쟁이 푸틴의 우크라이나 침공보다 훨씬 더 심각한 범죄라고 여길 수도 있지 않을까요? 그리고 덧붙이자면, 아마도 이 개발도상국들의 사람들은 러시아의 침략을 사실상 강하게 비판하면서도 그것이 상당한 도발을 받고 일어난 일이었다는 점을 잘 알고 있을지 몰라요. 서방 논평가들조차도 이 사실을 미묘하게 인정하는데, 이번 사태에서만 유독 등장한 '무도발 공격'이라는 표현이 공적 담론의 핵심 용어처럼 자리 잡았다는 사실이죠. 그러나 러시아의 침략은 분명히 도발된 것이었습니다.

미국 내에 만연한 비이성과 교리에 대한 맹목적 복종을 고려할 때, 한 가지는 다시 분명히 짚고 넘어갈 필요가 있습니다. 아무리 심각한 도발이 있었다 하더라도, 그것이 범죄적 침략을 정당화할 수는 없습니다.

힐과 스텐트의 글은 이러한 점에서 모호한 논리를 펼치는 대표적인 사례이며, 안타깝게도 이는 미국 내 자유주의적 주류 담론의 일반적인 사고방식을 보여 줍니다. 이러한 담론은 순응적인 언론과 여론 형성 매체에 의해 더욱 확대되고, 그 결과 정책이 수립되고 실행되는 실제 환경에 결정적인 영향을 미치게 됩니다. 이는 역사상 가장 강력한 국가인 미국에서 특히 중요한 문제입니다. 필적할 경쟁국조차 없는 상황에서 말이죠.

현대 세계의 현실은 미국인들에게 특별한 책임을 부여합니다. 루트비히 비트겐슈타인Ludwig Wittgenstein은 철학의 과제를 '파리가 병 속에서 빠져나오는 길을 보여 주는 것'이라고 말했습니다. 여기서의 파리는 혼란스러운 개념과 언어의 틀 안에서 맴도는 철학자들에 대한 은유입니다. 이와 마찬가지로 미래를 걱정하는 사람들이 해야 할 과제 중 하나는 교육받은 엘리트들이 스스로 가둔 교조적 틀에서 벗어날 수 있도록 돕는 것이며, 나아가 엘리트 계층이 만들어 낸 '대체 현실'로부터 일반 대중을 해방시키는 일입니다. 물론 이 일은 결코 쉬운 과제는 아닙니다. 그러나 그것은 지금 우리가 마주한 위기의 시대에 반드시 수행되어야 할 과제입니다.

C. J. 폴리크로니우

▮▮▮▮ 군사 작전은 본질적으로 화석연료 기반 에너지에 의존하기 때문에 막대한 온실가스를 배출하는 활동입니다. 실제로 미국 군대는 일부 중소 국가들보다 더 많은 탄소를 대기 중에 방출하고 있으며, 오랜 시간 석유를 둘러싼 전쟁을 벌여 온 역사 또한 가지고 있죠. 그렇다면 묻지 않을 수 없습니다. 군국주의가 기후 위기를 심화시키는 중대한 요인이라는 사실을 의도적으로 외면하는 주요 강대국들이 과연 진정성 있게 기후 행동에 나설 것이라고 기대하는 것이 과연 타당하기나 한 일일까요?

— **노엄 촘스키**

▥ 덧붙이자면, 기후 위기가 오히려 군사주의를 부추기고 있다는 사실 역시 주요 강대국들이 외면하고 있다는 점을 지적해야겠습니다. 기후 위기는 갈등을 유발합니다. 실제로 우리는 시리아와 다르푸르에서 그 단적인 사례를 이미 목격했습니다. 이 지역들에서는 유례없는 가뭄이 발생했고, 그로 인해 대규모 인구 이동이 일어났습니다. 이러한 이주 흐름은 해당 지역에서 벌어진 참혹한 충돌과 폭력의 중요한 배경이 되었습니다. 앞으로는 이보다 훨씬 더 심각한 기후 재난이 닥쳐올 가능성이 있으며, 그로 인해 과거의 비극들조차도 희미하게 느껴질 만큼 인류는 거대한 위험에 직면할 수 있습니다.

인도와 파키스탄은 계속해서 무력 충돌을 겪고 있으며, 두 나라는 모두 지구 온난화로 심각한 타격을 받고 있습니다. 파키스탄의 국토 3분의 1이 물에 잠겼는데, 이는 극심한 폭염과 기록적인 강우량을 동반한 긴 몬순 때문입니다. 인도에서는 가난한 농민들이 50도에 달하는 극심한 더위와 가뭄 속에서 살아남기 위해 고군분투하고 있으며, 이 지역은 이제 에어컨 없이는 생존조차 어려운 환경이 되어 가고 있습니다. 그런데도 인도와 파키스탄 정부는 더 강력한 파괴 수단을 만드는 데 빠르게 박차를 가하고 있는 실정입니다. 게다가 양국이 공유하는 주요 수자원은 점점 줄어들고 있고, 그로 인한 갈등의 잠재력도 갈수록 커지고 있습니다. 그다음에 어떤 일이 벌어질지는 여러분의 상상에 맡기겠습니다.

두 나라 모두 특히 막대한 핵무기를 포함한 군사력 증강에 극도로 몰두하고 있다는 점은 분명한 사실입니다. 하지만 훨씬 더 작은 규모의 파키스탄에 이는 지속 가능하지 않은 감당하기 어려운 군비 경쟁이 되고 있습니다. 이러한 상황은 양국 모두에게 공통적으로 직면한 위기, 즉 지구 온난화와 환경 파괴라는 중대한 문제를 해결하는 데 꼭 필요한 자원과 역량을 터무니없이 낭비하는 행위일 뿐입니다.

인도와 파키스탄은 임박한 재앙의 단적인 사례일 뿐입니다. 미국은 여전히 국제 사회에서 특별한 특권을 누리고 있지만, 지난 몇 달간 우리가 목격한 일들은 그조차도 이 위기로부터 결코 예외일 수 없음을 여실히 보여 주고 있습니다.

늘 그렇듯이 위기는 단순히 인간의 환경 파괴에서 그치지 않습니다. 계속해서 문제들이 드러나고 있습니다. 가장 큰 타격을 받은 도시는 미시시피주의 주도인 잭슨입니다. 이곳의 수도 시스템은 수년간 문제를 일으켜 왔으며, 이제 주민들은 말 그대로 마실 수 있는 물조차 없는 상황입니다. 막대한 부와 천연자원을 보유한 세계 최강국이라는 미국 내에서 벌어지고 있는 현실입니다.

전문가들은 이번 위기가 수년에 걸쳐 누적된 결과이며, 필수 인프라 업그레이드에 대한 만성적인 자금 부족이 주된 원인이라고 지적합니다. 지난 1년 동안 흑인 인구 비율이 높은 미시시피주 잭슨의 민주당 소속 지도자들은 이 주를 장악하고 있는 백인 공화당 정치인들에게 추가 예산 지원을 지속적으로 요청해 왔습니다. 그러나 이러한 요청은 거의 성과를 거두지 못했습니다.

깊이 뿌리박힌 사회적 병폐는 환경 파괴와 자원의 극단적인 오용으로 인해 발생하는 인간의 고통을 더욱 악화시키는 주요 요인이 됩니다. 더욱이 미국은 세계의 군사화를 가속하는 데 있어 가장 앞장서 온 국가입니다. 이 문제는 단지 미국인들만의 과제가 아니라 지구상의 모든 이가 함께 직면하고 해결해야 할 공동의 과제입니다.

C. J. 폴리크로니우

▮▮▮▮ 세계는 우크라이나 전쟁 발발 이전부터 이미 기후 목표 달성에 미치지 못하고 있었습니다. 사실 이제는 신속하고 급진적인 조치 없이는 기후 목표를 달성할 수 없다는 것이 분명해졌습니다. 이런 맥락에서 탄소세와 배출권 거래제가 탄소 배출 감소 전략으로서 어떤 역할을 하는지 말씀해 주실 수 있을까요?

— **로버트 폴린**

우선 우리가 말하는 세계의 '기후 목표'가 무엇인지 분명히 하고 넘어갑시다.

가장 기본적인 목표는 2018년 기후 변화에 관한 정부 간 협의체IPCC에 의해 설정되었습니다. IPCC는 기후 변화 연구를 종합하고 주도하는 글로벌 기구로 2018년 획기적인 특별 보고서 '지구 온난화 1.5℃'에서 두 가지 주요 목표를 제시했죠.

첫째는 2030년까지 전 세계 이산화탄소CO_2 배출량을 2010년 대비 약 45% 줄이는 것이고, 둘째는 2050년경까지 순배출량을 '넷제로net-zero'로 만드는 것입니다. IPCC는 이러한 목표를 달성해야만 산업화 이전 대비 지구 평균 기온 상승을 1.5℃ 이내로 제한할 합리적인 가능성이 있다고 주장했습니다. 또한 지구 온난화를 1.5℃ 이내로 억제해야 기후 변화로 인한 부정적 영향을 극적으로 줄일 수 있다고 결론지었습니다.

IPCC가 2018년 보고서를 발표한 이후, 우리는 폭염, 집중호우와 홍수, 가뭄, 해수면 상승, 생물다양성 손실 등 다양한 영역에서 그들의 예측을 훨씬 넘어서는 기후 변화의 심각한 영향을 직접 목격해 왔습니다.

가장 최근 사례로는 지난 5월 인도에서 발생한 폭염이 있습니다. 당시 하루 평균 기온이 43℃를 초과하는 날이 며칠씩 이어지며, 기후 위기의 현실을 여실히 보여 주었습니다. 이처럼 심화하는 기후 위기는 극단적인 기후 현상의 빈도를 점점 더 높이고 있습니다. 더불어 노엄 촘스키가 지적했듯이 우크라이나 전쟁은 이러한 위기를 한층 더 악화시키고 있습니다. 따라서 IPCC가 2018년에 제시한 목표는 단지 바람직한 방향이 아니라 기후 위기를 좀 더 안정적인 궤도로 전환하기 위해 반드시 충족되어야 할 최소한의 기준으로 이해해야 합니다. 그리고 이러한 판단은 IPCC가 2022년에 발표한 후속 연구를 통해 더욱 분명하게 뒷받침되고 있습니다.

오늘날 세계는 과연 IPCC가 제시한 탄소 배출 감축 목표에 얼마나 근접해 있을까요?

글로벌 에너지 모델링 분야에서 가장 영향력 있는 주류 기관 중 하나인 국제에너지기구IEA의 최신 자료에 따르면, 2019년 전 세계 이산화탄소CO_2 배출량은 약 360억 톤에 달했습니다. 이는 1990년 대비 약 70%, 2010년 이후로만도 14% 증가한 수치입니다. 더 우려스러운 점은 IEA가 제시한 현실적 대안 시나리오를 보면, 2030년까지도 전 세계 배출량은 거의 줄어들지 않을 것으로 전망되며, 2050년까지 '넷제로' 목표에 도달할 가능성조차 매우 낮다는 것입니다. 구체적으로 국제에너지기구는 2021년 세계 에너지 전망 보고서에서 현재의 글로벌 정책 환경을 토대로 미래 탄소 배출 수준에 대한 두 가지 시나리오를 제시했습니다.

첫 번째는 IEA가 '현 정책 유지 시나리오'라고 부르는 것으로 추가적인 정책 개입이 없을 경우 에너지 시스템이 어떻게 변화할지를 전망하는 시나리오입니다. 이 시나리오는 기존의 정책과 현재 추진 중인 조치들을 부문별로 세밀하게 분석한 결과에 기반하고 있습니다. 즉, 현재의 정책 기조가 유지되면 2050년까지 탄소 배출량이 어떻게 변할지를 전망하는 것이죠. 이 시나리오에 따르면, 2030년까지 전 세계 CO_2 배출량은 전혀 감소하지 않으며, 2050년까지도 겨우 6% 줄어 339억 톤에 이를 것으로 예측됩니다. 요컨대, 기후 과학을 진지하게 받아들인다면, 이는 사실상 재앙적인 시나리오라고 할 수 있죠.

두 번째는 '공약 달성 시나리오'로 IEA는 이 시나리오에서 각국 정부가 발표한 모든 기후 공약이 완전하고 제때 이행된다는 전제를 둡니다. 여기에는 국가별 온실가스 감축 목표NDC는 물론, 장기적인 넷제로 목표까지 포함됩니다. 그러나 좀 더 적극적인 접근을 반영한 시나리오에서도 2030년까지 탄소 배출량은 겨우 7% 감소하는 데 그치며, 2050년에도 배출량이 207억 톤에 이를 것으로 예상됩니다. 즉, 2050년까지 넷제로 목표를 달성하는 데 절반에도 못 미치는 수준인 거죠. 요컨대, 또다시 기후 과학을 진지하게 받아들인다면, 더 적극적인 이 시나리오조차도 여전히 재앙적인 시나리오에서 크게 벗어나지 않는다는 것입니다.

　IEA는 또한 세계가 2050년까지 순배출량 제로net-zero에 도달할 수 있는 시나리오도 함께 제시하고 있습니다. '현 정책 유지 시나리오'와 '공약 달성 시나리오'가 이 순배출 제로 시나리오와 크게 다른 지점에 대해, IEA는 이를 '목표와 배출 격차'라고 부릅니다. 결국 2050년까지 넷제로를 실현하기 위한 핵심 과제는 바로 이 배출 격차를 어떻게 좁힐 수 있을 것인가에 달려 있습니다. 다시 말해 전면적인 글로벌 기후 재앙을 피할 유일한 길은 바로 이 격차를 해소하는 데에서 시작된다는 뜻입니다.

　탄소세나 탄소 배출 상한제 정책은 이 배출 격차를 좁히는 데 얼마나 기여할 수 있을까요? 이 두 정책 모두 석유, 석탄, 천연가스 소비를 직접적으로 줄이는 것을 목표로 합니다. 이는 매우 중요한 접근입니다. 왜냐하면 석탄, 석유, 천연가스를 연소해 에너지를 생산하는 과정에서 발생하는 탄소 배출이 전 세계 온실가스 배출량 중 가장 큰 비중을 차지하며, 이는 곧 기후변화의 핵심 원인이기 때문입니다.

　원칙적으로 탄소 배출 상한제cap-and-trade는 공공기관이나 주요 오염 배출 기업들에 명확한 배출 허용 한계를 설정합니다. 이러한 제도는 공급 자체를 제한하기 때문에 석유·석탄·천연가스 등의 가격을 간접적으로 끌어올리는 효과를 가져옵니다.

반면, 탄소세는 소비자에게 직접적인 가격 신호를 전달합니다. 화석연료에 세금을 부과해 가격을 올리고, 이를 통해 소비를 줄이도록 유도하는 방식입니다. 두 정책 모두 배출 상한이 엄격하거나 세율이 높고 예외 조항이 최소화되거나 존재하지 않는다면, 화석연료 소비를 획기적으로 줄일 수 있습니다. 더불어 화석연료 가격 상승은 에너지 효율 개선과 청정 재생에너지에 대한 투자 유인을 크게 높입니다. 나아가 이러한 친환경 전환을 위한 재정적 기반 마련에도 기여할 수 있습니다.

그러나 이 두 가지 접근 방식에는 분명한 한계도 존재합니다. 가장 큰 문제는 중산층과 저소득층 가계에 가해지는 경제적 부담입니다. 동일한 조건 아래에서 화석연료 가격이 인상되면, 그 부담은 상대적으로 부유층보다 중산층과 저소득층에 더 크게 작용합니다. 이는 휘발유, 난방용 연료, 전기와 같은 에너지 지출이 이들 가계의 전체 소비에서 차지하는 비중이 더 높기 때문입니다.

이에 대한 효과적인 해결책이 존재합니다. 이는 필자의 정치경제연구소PERI 동료인 짐 보이스가 처음 제안한 개념으로 탄소세나 배출 상한제를 통해 발생한 수익의 상당 부분, 혹은 전부를 저소득층 가계에 직접 환급하는 방식입니다. 이렇게 하면 화석연료 가격 상승으로 인한 비용 부담을 상당 부분 상쇄할 수 있습니다. 보이스는 이 방식을 '상한 및 배당cap-and-dividend'

프로그램이라 명명했습니다.

　탄소 배출 상한제의 또 다른 큰 문제는 시행의 어려움입니다. 특히 이 상한제가 탄소 배출권 거래제와 결합하면 엄격한 배출 상한을 유지하거나 감시하는 것이 어려워집니다. 기후변화 대응에 실질적으로 기여할 수 있는 조치가 아니라 회계상의 눈속임과 각종 예외 조항이 난무하는 혼란스러운 시스템이 되어버릴 위험이 크거든요. 실제로 지금까지 미국과 유럽에서 시행된 탄소 배출권 거래제는 대체로 이러한 한계를 보여 왔습니다.

　이 문제를 해결할 수 있는 비교적 단순한 방법도 존재합니다. 앞선 인터뷰에서도 언급했듯이 가장 직접적이고 효과적인 해법은 엄격한 배출 상한선을 명확히 설정하는 것입니다. 예컨대, 공공기관 등 주요 배출 주체가 매년 화석연료 소비를 5%씩 의무적으로 감축하도록 규정하고, 이에 대해 어떤 예외 조항이나 배출권 거래제 같은 우회로도 허용하지 않는 방식입니다. 더 나아가 이러한 상한선을 지키지 못한 기업의 CEO에게는 형사적 책임을 강하게 묻는 제도적 장치를 마련함으로써 정책의 실효성을 더욱 높일 수 있습니다.

C. J. 폴리크로니우

▥　직접 '공기 포집DAC'이나 바이오에너지 기반 '탄소 포집·저장

BECCS'과 같은 이른바 '네거티브 배출 기술'은 여전히 기술적으로 미성숙한 단계임에도 불구하고 최근 들어 점점 더 많은 지지를 얻고 있습니다. 이와 마찬가지로 원자력 발전소나 지구공학적 접근에 대한 논의 역시 그들이 내포한 본질적인 위험성에도 불구하고 확산되고 있습니다. 이러한 전략들은 화석연료 의존에서 완전히 벗어나기 위한 노력에 어떤 방식으로 기여할 수 있을까요?

── **로버트 폴린**

▮▮▮▮▮ 네거티브 배출 기술이나 원자력 발전은 글로벌 청정에너지 인프라의 대안으로 거론되곤 하지만, 실제로는 그 구축에 실질적인 기여를 할 가능성이 크지 않습니다. 오히려 이러한 기술들이 더 심각한 문제를 초래할 위험이 크다고 볼 수 있죠.

우선 원자력에 대해 이야기해 보겠습니다. 원자력은 탄소를 배출하지 않고 전기를 생산한다는 점에서 분명한 이점이 있지만, 동시에 환경과 공공 안전에 중대한 우려를 안겨 줍니다. 이 우려는 2011년 일본 후쿠시마 다이이치 원전 사고 이후 더욱 증폭되었으며, 최근 러시아의 우크라이나 침공 과정에서 벌어진 사건들로 인해 한층 더 심각해졌습니다. 러시아는 침공 초기 단계에서 체르노빌과 자포리자 원자력 발전소를 점령했고, 이로 인해 즉각적인 핵 재앙의 위험이 현실화되었습니다.

특히 자포리자 원전은 최근 몇 주 동안 격렬한 포위와 충돌의 중심에 놓였고, 2023년 8월 3일, 국제원자력기구IAEA 총재 라파엘 그로시는 그 상황을 완전히 통제 불능 상태라고 표현하며, 매우 현실적인 핵 재앙의 위험이 존재한다고 경고했습니다. 이어 8월 중순, BBC는 '양측이 서로 자포리자 지역에 포격을 가했다고 비난하면서 원전 주변의 안전에 대한 국제적 우려가 커지고 있다'고 보도했습니다. 유엔 사무총장 안토니우 구테흐스 또한 '자포리자에 대한 어떤 형태의 피해도 자살 행위나 다름없다'고 강하게 경고했습니다.

    탄소 포집 기술은 대기 중에 배출된 이산화탄소를 제거한 뒤, 이를 파이프라인을 통해 지하의 지질 구조로 운반하여 영구적으로 저장하는 것을 목표로 합니다. 그러나 수십 년에 걸친 연구와 시도에도 불구하고 이 기술은 상업적 규모에서 실질적으로 구현된 사례가 없습니다.

    결국 만약 탄소 포집 기술이 상업적으로 대규모 작동에 성공한다면, 이는 석유·석탄·천연가스 산업에 일종의 구명줄 역할을 하게 될 것입니다. 하지만 설령 탄소를 합리적인 비용으로 안정적으로 포집할 수 있다고 하더라도 불완전한 운송 및 저장 시스템으로 인해 탄소가 누출될 위험은 여전히 존재합니다. 더욱이 탄소 포집이 상업화되고 기업의 수익 구조 속에서 안전 기준이 비용 절감의 대상으로 전락할 경우 이러한 위험은 오히려 더 커질 수 있습니다.

'성층권 에어로졸 주입SAI' 개념은 1991년 필리핀 피나투보 화산 폭발의 결과에서 영감을 받아 발전된 것입니다. 당시 대규모 분출로 인해 막대한 양의 화산재와 가스가 대기 중으로 방출되었고, 이로 인해 생성된 황산염 에어로졸이 성층권까지 상승했습니다. 그 결과 약 15개월간 지구 평균 기온이 약 0.6°C 하강하는 냉각 효과가 관측되었습니다.

현재 연구되고 있는 성층권 에어로졸 주입 기술은 이 같은 피나투보 화산 폭발의 기후 효과를 인위적으로 재현하려는 시도입니다. 즉, 성층권에 황산염 입자를 의도적으로 주입함으로써 이산화탄소와 기타 온실가스가 초래하는 지구 온난화 효과를 일부 상쇄하려는 것입니다. 일부 연구자들은 이를 비용 대비 효율성이 높은 기후 대응 전략으로 간주하고 있죠.

그러나 이러한 접근이 기후 위기의 근본적인 해결책이 될 수 있다는 주장에 대해 이 분야의 주요 과학자들은 일관되게 강한 회의적 입장을 밝혀 왔습니다. 예컨대, 옥스퍼드대학교의 기후 과학자이자 IPCC 주요 공헌자인 레이먼드 피에르훔베르 Raymond Pierrehumbert는 2019년 발표한 논문 「기후 위기를 해결할 플랜 B는 없다」에서 이와 같은 기후 공학적 접근은 실질적인 해결책이 될 수 없다고 단언합니다. 그는 이러한 방식을 '알베도 해킹albedo hacking'이라고 명명하며, 이는 오히려 기후 문제를 더욱 복잡하게 만들 수 있는 위험한 선택지라고 경고합니다.

"인간 활동으로 인해 대기 중으로 배출되는 과잉 이산화탄소는 사실상 영구적으로 온난화 효과를 유발한다. 반면, 그 온난화를 상쇄하기 위해 사용하는 성층권 에어로졸은 약 1년 만에 대기에서 사라진다. 이는 기본적으로 밀도가 높은 물질이 중력에 의해 떨어지는 단순한 물리 법칙에 기인한 것이며, 대기 순환은 여기서 그 제거 과정을 촉진하는 역할을 한다. 이러한 이유로 피나투보 화산과 같은 대규모 분화조차도 냉각 효과가 약 2년 후에는 사라지고 만다. 따라서 위험 수위의 온난화를 피하려면, 필요한 수준의 알베도 해킹은 사실상 끊임없이 이어져야 한다."

그리고 또 이어 "우리는 이러한 새로운 강제적 조치들에 대해 기후가 어떻게 반응할지, 나아가 우리 사회와 정치 체제가 이처럼 혼란스럽고 통제가 어려울 수 있는 기술들을 어떻게 받아들일지 전혀 알 수 없다."라고 덧붙였습니다.

C. J. 폴리크로니우

▥ 재생에너지에 회의적인 시각을 가진 이들은 풍력과 태양광 발전이 변동성 때문에 신뢰할 수 있는 에너지원이 될 수 없다고 주장합니다. 또 다른 비판자들은 풍력 발전 단지가 오염되지 않은 환경을 침해하고 국가의 자연 서식지를 파괴한다고 우려하기도 합니다. 에게해의 수많은 그리스 섬에 수천 개의 풍력 터빈을 설치한 경우가 이에 해당하죠. 이러한 우려에 대해 어떻게 생각하십니까? 그리고 이 같은 문제들에 대한 현실적이고 지속 가능한 해법은 무엇이 될 수 있을까요?

── **로버트 폴린**

▥ 고효율·재생 가능 에너지가 중심이 되는 글로벌 에너지 인프라를 구축하는 데에는 세 가지 주요 과제가 존재합니다. 그중 두 가지는 방금 당신이 언급한 내용과 직접적으로 관련됩니다.

첫째는 태양광과 풍력 에너지의 간헐성 문제, 둘째는 이러한 재생에너지를 위한 토지 이용 문제입니다. 여기에 세 번째 과제로는 청정에너지 인프라를 구축하는 데 필요한 막대한 양의 광물 자원 수요가 있습니다. 공간상 제약이 있으니 여기서는 첫 번째와 두 번째 문제에만 초점을 맞추어 보겠습니다.

여기서 간헐성 문제란 태양이 하루 24시간 내내 빛을 비추지 않고, 바람도 계속해서 불지 않는다는 사실을 의미합니다. 더불어 지역에 따라 일조량과 풍속이 크게 달라지는 지리적 특성도 중요한 변수죠. 따라서 태양광이나 풍력 자원이 풍부한 지역에서 생산된 전력을 그렇지 않은 지역으로 합리적인 비용에 저장·송전할 수 있는 인프라 구축이 필요합니다. 사실 풍력과 태양광 발전의 송전 및 저장 문제는 청정에너지 전환이 상당 수준 진행된 이후에야 본격적인 이슈로 부각될 가능성이 높습니다. 적어도 향후 10년간은 그렇게 시급한 과제로 보기는 어려울 것입니다.

이유는 화석연료와 원자력 에너지가 여전히 일정한 전력 공급을 담당할 것이기 때문이죠. 물론 이들 에너지원은 향후 점진적으로 퇴출당할 예정이지만, 그 과정에서 청정에너지 산업은 빠르게 확장될 것입니다.

현재 화석연료와 원자력은 전 세계 에너지 공급의 약 85%를 차지하고 있으며, 2050년까지 완전한 탈화석연료 전환을 목표로 한 시나리오에서도 2035년까지는 화석연료가 여전히 에너지 수요의 대부분을 충당할 것으로 전망됩니다.

한편, 태양광과 풍력의 송전 및 저장과 관련된 기술적·경제적 과제는 향후 10년 내 충분히 해결될 수 있을 것으로 보입니다. 이는 청정에너지 시장이 예측대로 빠르게 성장할 경우 더욱 현실화될 것입니다. 예를 들어, 국제재생에너지기구는

2030년까지 전 세계 배터리 저장 용량이 현재의 17배에서 최대 38배까지 증가할 것으로 전망하고 있습니다.

토지 이용 문제는 100% 재생에너지 기반의 글로벌 경제 구축이 비현실적이라는 주장을 뒷받침하는 근거로 자주 제시되지만, 이러한 주장들은 실증적 데이터를 충분히 갖추고 있지 않습니다. 하버드대학교의 물리학자 마라 프렌티스Mara Prentiss는 2015년 출간한 저서 『에너지 혁명: 물리학과 효율적 기술 전망』과 이후 발표된 여러 논의에서 미국의 전체 에너지 수요를 태양광과 풍력만으로 충당하더라도 필요한 토지 면적은 미국 전체 국토의 1%도 되지 않는다는 사실을 명확히 제시했습니다.

토지 이용에 관한 대부분의 문제는 비교적 간단한 방식으로 해결할 수 있습니다. 예를 들어, 건물 옥상이나 주차장에 태양광 패널을 설치하거나 기존 농경지의 약 7%에 풍력 터빈을 설치하는 방식이 대표적입니다. 특히 풍력 터빈은 기존 농지 위에서도 정상적으로 가동이 가능하며, 농업 생산성에 거의 영향을 미치지 않는다는 장점이 있습니다. 실제로 많은 농부는 토지를 이중으로 활용할 수 있는 이 방식에 긍정적입니다. 풍력 발전이 안정적인 추가 수입원이 되기 때문입니다.

현재 미국의 아이오와, 캔자스, 오클라호마, 사우스다코타 주에서는 전력 공급량의 30% 이상을 풍력 터빈을 통해 생산하고 있습니다. 나머지 보충적인 에너지는 지열, 수력, 저탄소 바이오에너지 등과 같은 안정적인 재생 가능 자원을 통해 확보할 수 있습니다. 이 시나리오에서는 아직 언급되지 않았지만, 사막 지역의 태양광 발전소, 고속도로에 설치된 태양광 패널, 해상 풍력 발전 등도 모두 실현 가능한 추가 대안이 될 수 있습니다. 적절한 방식으로 설계되고 운영된다면, 이 모든 옵션 역시 재생에너지 전환을 위한 중요한 축이 될 수 있겠죠.

독일과 영국은 미국에 비해 인구 밀도가 7~8배 높고, 연중 일조량도 훨씬 적은 국가들입니다. 이들 국가가 고효율 시스템으로 운영한다 하더라도, 태양광 발전만으로 자국의 전체 에너지 수요를 100% 충당하려면 국토의 약 3%를 활용해야 합니다. 하지만 저비용 고효율의 저장 및 송전 기술을 활용하면, 독일과 영국 역시 해외에서 생산된 태양광 및 풍력 에너지를 수입할 수 있습니다. 이는 마치 미국 내 아이오와주에서 생산된 풍력 에너지를 뉴욕시로 송전하는 것과 같은 방식입니다. 게다가 이처럼 외부 에너지원에 의존해야 하는 비중 역시 그리 크지 않을 것으로 예상됩니다.

그리스는 어떨까요? 저는 공동 연구자들과 함께 2050년까지 그리스의 탄소 배출 제로 경제를 달성하는 과정에서 발생하는 토지 이용 문제를 분석하는 연구를 진행 중입니다. 연구 결과에 대한 자세한 내용을 조만간 공유할 수 있기를 바랍니다. 그리스는 풍력 발전소를 자연 그대로의 장소에 설치할 필요가 전혀 없다는 것입니다. 미국과 마찬가지로 그리스 또한 에너지 효율을 개선하고 재생에너지 인프라를 구축할 수 있을 만큼 충분한 토지를 보유하고 있습니다. 예를 들어, 건물 옥상, 주차장, 도로, 상업용 부지 등 이미 존재하는 인공 구조물을 적극적으로 활용하고, 여기에 일부 농경지에 소규모로 재생에너지를 도입하는 방식만으로도 국가 전체 에너지 수요의 100%를 충당할 수 있습니다.

C. J. 폴리크로니우

▌ 노엄, 우리는 고등 지능을 진화시킨 유일한 종임에도 불구하고 기후와 환경 문제에 있어 올바른 결정을 내리지 못하고 있습니다. 그 이유는 정치와 세계 경제 시스템이 작동하는 방식 때문일까요? 아니면 지구 온난화라는 과제가 너무 거대하고 압도적이어서 결국 지금의 삶을 크게 바꾸지 않은 채 약간의 조정만 하고, 그저 최선의 결과가 오기만을 바라는 편이 낫다고 여겨서일까요?

— **노엄 촘스키**

▌ 고등 지능의 진화라는 건 매우 흥미로운 과학적 주제입니다. 우리가 관측하고 이해할 수 있는 우주 범위 내에서 인류는

이른바 '고등 지능'을 진화시킨 유일한 종일 가능성도 있습니다. 하지만 더 정확히 말하자면, 고등 지능을 지닌 채 자멸하지 않고 지금까지 살아남은 유일한 종일지도 모르죠.

지구상의 지속 가능한 생명이 머지않아 끝날 수도 있다는 존재론적 위기가 충분한 관심을 받지 못하는 데에는 여러 요인이 있겠지만, 그보다 더 근본적인 질문이 있습니다. 그 질문은 77년 전, 1945년 8월 6일 히로시마에 원자폭탄이 투하되던 날, 우리 의식 속에 강렬히 떠올랐어야 했습니다. 아니, 반드시 떠올랐어야 했죠.

그 운명의 날, 우리는 인간 지능이 놀라운 기술적 성취를 이뤘다는 사실을 깨달았습니다. 곧, 모든 것을 파괴할 수 있는 수단을 고안해 냈다는 것이죠. 물론 당시에는 그 능력이 완전히 실현되지는 않았지만, 지속적인 기술 발전이 곧 그 지점에 도달하리라는 것은 분명했습니다. 그리고 실제로 1952년 미국이 첫 수소폭탄을 실험했을 때, 그 순간은 도래했습니다. 그해, '운명의 시계'는 자정까지 단 2분을 남겨두게 되었죠. 이후 트럼프 행정부 시기에는 역사상 가장 종말에 가까운 시간까지 시계가 전진했고, 이제는 분 단위를 넘어 초 단위로 시간을 계산하게 되었습니다.

그날 떠올랐던, 그리고 지금도 여전히 유효한 근본적인 질문은 이렇습니다. 인간의 도덕적 지능이 과연 자기파괴적 충동을 억제할 수 있을 정도까지 성숙할 수 있을까? 기술적 지능과 도덕적 지능 사이의 이 간극을 우리는 메울 수 있을까요? 지금까지의 인류 기록은 안타깝게도 낙관적인 답을 주지 않습니다.

하지만 이 게임은 우리가 끝내기로 선택하지 않는 한 끝나지 않습니다. 선택은 필연입니다. 인류가 어떤 선택을 하느냐가 지구라는 행성에서 우리가 보낸 짧은 시간 속에서 제기된 가장 본질적인 질문이며, 우리는 곧 그에 대한 답을 내놓아야 할 것입니다.

* 노엄 촘스키 *

기후 위기 외면한 미국, 반복되는 무대응의 역사

2022년 7월 22일

C. J. 폴리크로니우

▧ 노엄, 전반적으로 볼 때 미국은 기후 위기에 대응하는 데 있어 실로 참담한 성과를 보여 주고 있습니다. 예일대학교와 컬럼비아대학교가 공동 개발한 '환경성과지수'에 따르면, 미국은 기후 변화 대응, 환경 건강, 생태계 활력 등 여러 지표에서 180개국 중 43위에 그쳤습니다. 실제로 미국은 주요 경제국 중 유일하게 국가 차원의 기후 정책이 부재하며, 바이든 대통령이 추진했던 청정에너지 프로그램도 사실상 무산되고 말았습니다. 이는 지구의 미래보다 자신의 투자 포트폴리오를 우선한 단 한 명의 상원의원 반대 때문이었죠.

설상가상으로 미국 대법원은 환경보호청EPA의 온실가스 배출 규제 권한마저 제한했습니다. 이런 상황을 고려할 때, 미국이 2030년까지 2005년 대비 온실가스 배출량을 50~52% 감축하겠다는 목표를 달성할 가능성은 거의 없어 보입니다.

그래서 제 개인적인 견해로는 지금 우리가 던져야 할 가장 중요한 질문은 이것입니다. 왜 미국은 기후 위기에 이토록 취약한가? 단지 화석연료 산업의 영향력 때문만은 아닐 텐데요. 그 외에 어떤 구조적 요인이 작용하고 있는 것일까요?

── **노엄 촘스키**

▮▮▮▮ 물론입니다. 그보다 훨씬 더 많은 이유가 있죠. 현재 어떤 일이 벌어지고 있는지를 단적으로 보여 주는 사례가 바로 미국 대법원의 환경보호청EPA 관련 판결입니다. 무엇보다 주목할 점은 이 사건을 대법원이 굳이 다룰 필요가 없었다는 사실입니다. 해당 정책은 2015년에 제안되었으나 실제로 시행되지 않았고, 현재도 법적 효력이 없는 상태였기 때문이죠. 그럼에도 대법원이 이 사건을 굳이 다룬 이유는 미국 내 일부 세력들이 정부의 규제 권한, 특히 환경 보호 같은 영역에서의 공공 행정 기능을 약화시키려는 오랜 전략의 일환으로 볼 수 있습니다. 다시 말해, 환경을 파괴하면서도 이익을 추구하는 기업 같은 '사적 권력'을 규제하려는 정부 기관의 힘을 의도적으로 줄이려

는 시도였던 것이죠. 좀 더 직접적인 표현을 빌리자면, 우리가 예전에 이야기했던 대로 이는 애덤 스미스가 '추악한 신조'라 불렀던 것을 견제하려는 공공의 힘을 약화시키려는 행위입니다. 여기서 말하는 '추악한 신조'란 이런 것입니다.

"모든 것은 우리를 위한 것이며, 타인을 위한 것은 아무것도 없다." 이 정신은 인류의 역사 전반에 걸쳐 소위 '인류의 주인들'을 움직여 온 원리처럼 작용해 왔습니다. 애덤 스미스의 시대에는 영국의 상인들과 제조업자들이 그 '주인들'이었습니다. 오늘날에는 상황이 더욱 악화되었습니다. 신자유주의가 전 세계 인구를 압박하는 가운데 말도 안 되게 부유하고 점점 더 집중된 권력을 지닌 민간 기관들이 그 자리를 차지하고 있습니다. 화석연료 기업들은 그중 하나에 불과하며, 경제적 상층부에 위치한 다른 세력들 역시 '행정 국가'의 해체, 즉 신자유주의 방식의 계급 전쟁이 강화되는 과정에서 이득을 보고 있습니다.

이런 상황에서 사적 자본과 기업 권력에 극도로 종속된 공화당이 이미 쥐고 있는 사회적 권력을 더욱 확장시킨다면, 우리는 앞으로 이 계급 전쟁이 더욱 노골적이고 극단적으로 심화되는 모습을 목격하게 될 것입니다. 하지만 그것은 결국 단기적인 승리에 불과합니다. 과거에도 기업들이 규제나 다른 형태의 국가 개입을 지속적으로 요구했던 데에는 나름의 이유가 있었습니다. 통제되지 않은 시장이 초래할 위험으로부터 자신들을 보호하기 위함이었죠. '추악한 신조'에 내재된, 결코 숨겨지지 않는 원칙은 이렇습니다. 세상의 '비주류'인 당신들은 아무런 보호 없이 시장에 내던져져 스스로 생존해야 합니다. 반면, '인류의 주인들'인 우리는 국가의 보호를 당연한 권리로 요구하며 실제로 그 보호를 받습니다.

지금 세계는 조직화된 인간 삶의 기반을 파괴하는 방향으로 질주하고 있습니다. 이러한 위기 속에서 우리는 '보이지 않는 손'이 아니라 '보이는 손'을 그 어느 때보다 절실히 필요로 합니다. 하지만 이 마지막 생존의 창은 점점 닫히고 있습니다. 그것도 애덤 스미스가 말한 '추악한 신조'를 가장 열렬히 지지하는 자들의 박수를 받으며, 그 신조를 신봉하는 인류의 주인들과 그 하수인들에 의해 닫혀 가고 있습니다.

그렇다면 여기서 더 근본적인 질문을 던져야 합니다. 왜 미국은 이토록 '유독 심각한' 상황에 처해 있을까요? 미국이 항상 이랬던 것은 아닙니다. 이 점은 반드시 기억해야 합니다. 지금 우리가 목도하는 현실은 1930년대를 섬뜩하게 떠올리게 합니다. 당시, 세계 곳곳에서 국가자본주의 체제가 붕괴의 조짐을 보였고, 다양한 병든 징후들이 드러나고 있었습니다. 이 표현은 안토니오 그람시가 무솔리니의 감옥 안에서 남긴 것이기도 합니다. 바로 그때 미국은 오히려 희망의 등대였습니다. 유럽이 파시즘의 어두운 그림자 속으로 빠져들고 있을 때, 미국은 사회민주주의의 길을 개척하고 있었지요. 그것은 부활한 전투적인 노동운동과 이에 공감했던 행정부의 존재 덕분이었습니다.

물론 기업계는 대부분 이러한 변화에 강하게 반발했습니다. 그들은 미국 사회에 유독 뿌리 깊게 자리 잡은 '기업 중심의 지배 체제'를 되찾을 기회를 노리며 조용히 때를 기다리고 있었지요. 이 같은 흐름은 앞서 설명했던 역사적 배경과도 맞물려 있습니다.

제2차 세계대전이 발발하면서 이런 갈등은 일시적으로 수면 아래로 가라앉았지만, 전쟁이 끝나자 곧바로 '사회민주주의적 이단'을 제거하려는 조직적인 캠페인이 시작되었습니다. 그리고 이 캠페인은 시간이 흐르며 점점 더 힘을 얻었고, 마침내 신자유주의 시대에 접어들면서 본격적인 결실을 맺게 됩니다. 그 과정에서 피노체트 정권 아래에서 활약했던 신자유주의 이데올로기들이 중심적인 역할을 수행했습니다.

바이든 행정부의 에너지 정책이 좌초된 과정 역시 우리에게 중요한 교훈을 안겨 줍니다. 그 정책이 완벽하진 않았지만, 이전의 어떤 정책보다 훨씬 진일보한 내용이었고, 이는 강력한 시민운동과 버니 샌더스 진영의 지속적인 압력이 만들어 낸 성과였습니다. 그러나 결국 이 계획에 결정적인 타격을 가한 인물은 석탄 재벌 조 맨친이었습니다. 그는 지속적으로 정책 내용을 약화시키다가, 마침내 실질적인 핵심 조항은 전면 수용할 수 없다고 선언하며 사실상 정책의 추진 자체를 무산시켰습니다. 맨친은 자신이 에너지 정책에 반대한 이유로 재정 적자와 인플레이션에 대한 우려를 내세웠습니다. 하지만 그 주장을 곧이곧대로 믿기는 어렵습니다. 재정 적자를 해소하는 한 가지 방법은 신자유주의 시기에 도입된 극도로 퇴행적인 감세 정책을 되돌리는 것입니다. 그 정점은 트럼프 대통령이 이룬 유일한 입법 성과, 즉 조지프 스티글리츠가 '기부자 구제법'이라 부른 2017년 세제 개편입니다. 이 법은 초부유층과 대기업에게 막대한 혜택을 안겨주는 동시에, 대부분의 시민에게는 큰 피해를 입혔습니다. 그럼에도 공화당은 이 감세 정책을 절대 금기처럼 지키고 있으며, 부유한 세금 회피자들을 단속하기 위한 국세청 예산 확대조차 허용하지 않으려 합니다. 맨친 역시 이 노선에 동조하고 있지요. 그에게 있어 부자들에게 세금을 부과하는 일은 용납할 수 없는 일입니다. 우리는 신자유주의 시대의 '위대한 성취' 중 하나, 즉 100년 만에 처음으로 억만장자가 노동자보다 더 낮은 세율로 세금을 내는 시대를 지켜야 합니다.

그렇다면 인플레이션 문제는 어떨까요? 바이든 행정부의 기후 정책이 전 세계적인 인플레이션을 유발했다는 믿을 만한 근거는 전혀 없습니다. 만약 맨친이 정말로 인플레이션을 우려했다면, 그는 무엇보다도 기업의 초과 이익에 세금을 부과하는 이른바 '횡재세'를 주장했어야 합니다. 또한 과도하게 부풀려진 국방 예산을 줄이자고 제안했어야 하고, 신자유주의 시대에 도입된 극도로 불공정한 세제 개편을 되돌리자고 요구했어야 마땅합니다. 그리고 그 외에도 그가 해야 할 일들은 많았습니다.

C. J. 폴리크로니우

▌ 지난주 발표된 퓨 리서치Pew Research 센터의 보고서에 따르면, 민주당 지지자들 다수는 바이든 행정부의 기후 위기 대응 방식에 대해 깊은 불만을 품고 있는 것으로 나타났습니다. 특히 젊은 세대에서 이러한 불만이 두드러지게 나타났으며, 이는 가까운 미래에 미국의 정책 방향이 바뀔 가능성을 시사합니다. 어쩌면 민주당이 기후 위기 대응을 밀실 협상이 아닌, 국민과 지역 공동체에 직접 호소하는 방식으로 추진했더라면, 그 야심찬 계획이 그렇게 무산되지는 않았을지도 모릅니다.

— **노엄 촘스키**

▌ 바이든 대통령은 기후 대응 입법 실패를 포함해 여러 사안에서 부당한 비난을 받고 있습니다. 그러나 이러한 실패의 근

본 원인은 미치 매코널의 전략에 있습니다. 나라에 도움이 될 만한 일이라면 무엇이든 방해하고, 그로 인해 발생한 고통스러운 결과는 민주당의 책임으로 돌립니다. 그리고 나서 권력을 되찾아 국민 다수에게 더 큰 피해를 주는 동시에, 자신들의 핵심 지지 기반인 초부유층과 대기업들을 더욱 부유하게 만드는 것이죠. 그리고 놀랍게도 이 전략은 실제로 효과를 발휘하고 있습니다.

공익을 위해 헌신하는 대중 기반 정당이었다면, 전국적 차원에서 풀뿌리 조직 활동을 펼쳤을 것입니다. 하지만 오늘날의 민주당은 그런 정당이 아닙니다. 물론, 설령 그렇게 했다 하더라도 상황이 달라졌을지는 단언하기 어렵습니다. 예컨대, 공화당 유권자층, 현재는 부정 선거론을 주장하는 지도부와 '신성불가침'의 트럼프에 심취한 지지자들에게 과연 영향을 미칠 수 있었을까요? 최근 여론조사를 살펴보면, 공화당 중도 성향 유권자들은 다가올 선거에서 중요하게 여기는 29개 이슈 중 기후변화를 28번째로 꼽았고, 나머지 모든 이슈는 29위로 밀려 있습니다. 그만큼 기후 문제에 대한 관심이 극히 낮다는 뜻입니다. 이런 벽을 허무는 일은 결코 쉽지 않습니다. 물론 쉽지는 않지만 희망이 완전히 사라진 것은 아닙니다. 프랑스의 '노란 조끼' 운동 구호가 떠오릅니다.

"당신들 부유층은 지구의 종말을 걱정하지만, 우리는 이번 달 생활비가 걱정이다." 삶이 극도로 불안정한 이들에게 신뢰하지도 않는 과학자들이 먼 미래의 재앙을 경고한들, 그것이 피부에 와닿을 리 없습니다. 하루하루를 버텨내는 일이 급박한 사람들에게는 더더욱 그렇습니다.

그런 메시지는 결코 억눌려서는 안 됩니다. 많은 사람이 자신의 손주 세대를 걱정하고 있습니다. 하지만 그 경고는 이렇게 이어져야 합니다. 지금 우리가 환경 파괴를 멈추고 삶을 떠받치는 기반을 회복한다면, 그것은 더 나은 삶과 더 질 좋은 일자리로 이어질 수 있다는 희망의 메시지와 함께 전달되어야 한다는 것입니다. 그리고 그것은 '지금, 바로' 가능합니다. 이 점에서 나는 로버트 폴린Robert Pollin이 제시한 치밀한 분석과 현장 중심의 실질적 활동을 다시금 강조하고 싶습니다.

C. J. 폴리크로니우

▥ 조 바이든 대통령은 기후 비상사태에 대응하기 위해 대통령의 권한을 적극적으로 활용하겠다고 밝혔습니다. 사실 워싱턴 대통령 이래로 모든 대통령은 각기 다양한 방식으로 행정 권한을 사용해 왔지요. 하지만 바이든이 기후 정책과 관련해 실제로 어떤 구체적인 조치를 염두에 두고 있었는지는 여전히 불확실합니다. 예컨대, 그는 행정명령을 통해 새로운 모든 화석연료 인프라 프로젝트의 승인을 중단하고, 연방 정부 소유지에서의 화석연료 임대와 시추를 금지할

수도 있습니다. 그럼에도 그는 줄곧 석유 생산 확대를 지지해 왔으며, 2021년에는 연방 토지 내 석유·가스 임대 승인을 트럼프의 첫해보다 더 많이 허가했습니다. 이런 상황에서 과연 바이든은 대통령 권한을 통해 기후 비상사태에 대응하겠다는 약속을 진심으로 내건 것일까요, 아니면 단지 눈속임에 불과한 걸까요?

— **노엄 촘스키**

더 많은 석유 생산과 시추 허가를 승인한 데 대해 하나의 변명거리는 있습니다. 보수 성향의 사법부가 그렇게 하라고 명령했다는 것이죠. 하지만 그것이 정당한 이유인지, 아니면 단지 책임을 회피하기 위한 구실에 불과한지는 논쟁의 여지가 있습니다.

러시아의 우크라이나 침공에 대한 대응 역시 그나마 진행되던 지속 가능한 에너지로의 전환 시도마저 되돌리게 만들었고, 그 결과 '지구 종말시계'는 자정을 향해 더욱 가까워졌습니다. 물론 이러한 결정이 얼마나 불가피했는지는 마찬가지로 논의의 대상입니다. 대통령의 행정명령 권한에는 분명한 한계가 있으며, 사법부는 '중대한 사안은 의회가 결정해야 한다'는 이른바 '중요 문제 원칙'을 다시 꺼내 들어 웨스트버지니아주 대 환경보호청 사건에서처럼 기후 재앙을 향한 경로에 더 가속을 붙일 수도 있습니다.

우리가 비교적 분명히 내릴 수 있는 결론은 하나입니다. 수많은 장벽을 돌파할 만큼 강력한 '대중 운동'이 일어나지 않는 한, 인류는 고통스러운 운명을 피하기 어려울 것이라는 점입니다.

C. J. 폴리크로니우

▥ 앞서 언급한 퓨 리서치 센터의 보고서에 따르면, 미국인 대다수는 탄소 배출을 흡수하기 위해 나무 1조 그루를 심는 계획과, 탄소를 포집·저장하는 기술을 개발하는 기업에 세금 감면 혜택을 주는 방안에 압도적으로 찬성하고 있습니다. 이러한 반응은 지난 몇 년간 퓨 리서치가 실시한 기후 정책 관련 여론조사 결과와도 일치합니다. 그런데 이 결과는 '그린 뉴딜'이 여전히 미국의 주류 담론 속에 제대로 자리 잡지 못하고 있다는 사실을 드러내는 것처럼 보입니다. 만약 이 해석이 맞는다면, 도대체 어디서부터 무엇이 잘못된 걸까요? 그리고 이는 2009년 유엔환경계획UNEP이 처음 제안한 '글로벌 그린 뉴딜'이 실제로 실현될 가능성에 대해 어떤 시사점을 주는 걸까요?

── 노엄 촘스키

▥ 미국 국민이 지지하는 그 두 가지 정책에는 공통점이 있습니다. 화석연료 사용을 줄이지 않아도 된다는 것, 즉, 화석연료 재벌들(생산업체, 금융권, 그 외 대기 오염에 가담한 대기업들)의 수익을 줄일 필요가 없다는 점이에요. 하지만 요즘처럼 불볕더위가 계

속되는 현실 속에서 우리가 직면한 위기에 지금 당장 근본적으로 대응해야 한다는 메시지는 앞서 말한 두 정책보다 훨씬 더 전달되기 어렵습니다. 대응이 늦어질수록 문제는 더욱 심각해지고, 그에 따른 비용과 고통도 커질 수밖에 없습니다. 무엇이 잘못되었는지는 이미 우리 눈앞에 드러나 있습니다. 타이타닉호가 빙산을 피하려면 어떻게 해야 하는지, 그 방법이 감춰진 비밀은 아니잖아요. 아직 늦지 않았습니다.

물론 이 사실은 당연한 이야기지만 다시 한번 분명히 강조하고 싶습니다. 이 위기는 전 세계가 함께 대응해야 할 공동의 과제입니다. 그리고 무엇보다 중요한 것은 지금으로서는 상상하기조차 어려울 수 있지만, 강대국들 간의 협력이 꼭 필요하다는 점입니다. 더불어 이 위기를 초래하지는 않았지만 그 누구보다도 큰 고통을 감당하게 될 가장 비참한 처지의 사람들에 대한 관심도 잊어선 안 됩니다. 이들은 부유한 사회, 부유한 이들이 만들어 낸 위기에 아무런 책임도 없지만 가장 가혹한 대가를 치르게 될 것입니다. 이는 또한 우리가 지구를 풍요롭게 만들어주는 수많은 생명 종에 대해서도 책임을 져야 한다는 뜻입니다.

그들은 우리의 무지와 무책임한 파괴로 인해 지금 이 순간에도 사라지고 있습니다. 우리가 함께 살아가는 이 지구, 이 공동의 집에 대해 훨씬 더 깊은 책임감을 가져야 할 때입니다.

* 노엄 촘스키 & 로버트 폴린 *

살 만한 세상은
여전히 가능한가

2023년 4월 3일

C. J. 폴리크로니우

▓▓ 기후 변화에 관한 정부 간 협의체IPCC가 최근 제6차 평가 보고서를 바탕으로 한 종합 보고서를 발표했습니다. 이 보고서는 세 개의 작업 그룹과 세 편의 특별 보고서를 통합한 것으로, 2018년 이후 축적된 기후 변화 관련 과학적 평가들을 포괄하고 있습니다. 그리고 그 내용은 한층 더 심각한 전망을 제시하고 있죠.

보고서에 따르면, 우리는 지구 평균 기온 섭씨 1.5도 상승에 도달하거나 이를 초과할 가능성에 그 어느 때보다 가까워졌습니다. 전문가들은 '탄소 배출이 지속될 경우, 모든 주요 기후 시스템 구성 요소에 훨씬 더 큰 영향을 미치게 될 것'이라고 경고합니다. IPCC 제6차 평가 보고서에 참여한 수백 명의 과학자들의 연구 결과를 바탕으로, 이번 종합 보고서는 다음과 같이 강조합니다.

> "가까운 미래에 전 세계 모든 지역이 지역별 및 위험 유형에 따라 다르긴 하지만, 더욱 심각한 기후 위험을 경험하게 될 것이며(중상위 수준의 과학적 신뢰도), 이는 생태계와 인간 모두에게 여러 위험을 증가시킬 것이다(매우 높은 과학적 신뢰도)."

이에 따라 보고서의 저자들은 지구 온난화를 억제하기 위해 이산화탄소 배출의 '넷제로' 달성이 필수적이라고 강조하며, '모두를 위한 살기 좋고 지속 가능한 미래를 보장할 기회의 창이 빠르게 닫히고 있다'고 경고합니다. 이 보고서는 모든 분야에서 긴급하고 강력한 기후 행동이 필요하다고 촉구하며, 실행 가능한 주요 기회들이 존재함에도 불구하고 정치적 의지의 부족이 그것을 가로막고 있다고 지적합니다.

노엄, 이 새로운 IPCC 보고서에 대해 어떻게 보셨나요? 보고서의 내용이나 제안된 정책 방향이 당신에게 전혀 놀랍지 않았을 것 같은데요.

─ 노엄 촘스키

▮▮▮ IPCC 보고서는 과학자들의 합의를 바탕으로 한 문서입니다. 그래서 신중하게 표현하려는 경향이 있습니다. 하지만 이번 보고서는 다르게 느껴져요. 과학계의 절박함이 극에 달해 이제는 더 이상 돌려 말하지 않고 직설적으로 이야기할 때가 되었다고 느끼는 것 같습니다. 시간이 많지 않습니다. 과감한 조치는 더 이상 미룰 수 없는 긴급한 과제입니다. 아직 기회는 있습니다. 하지만 이를 강력하게 실천하지 않는다면, 우리는 결국 '안타깝지만 지구와 함께한 시간이 좋았다'라고 말하게 될 지도 모릅니다.

보고서는 또한 '정치적 의지의 부재'를 핵심 문제로 지적합니다. 이는 매우 타당한 진단입니다. 하지만 우리가 진정으로 생존을 원하고 그에 상응하는 결단력 있는 행동을 취할 의지가 있다면, '정치적 의지'라는 개념을 좀 더 깊이 들여다볼 필요가 있습니다. 다시 말해, 정치적 의지란 무엇인지, 그리고 그것이 현재의 사회 체제 안에서 어떤 의미를 가지는지, 더 나아가 우리가 필요한 시점에 실질적인 행동을 취할 수 있을 만큼 유효한 제도적 구조 속에 존재하는 개념인지를 제대로 이해해야 합니다.

정치적 의지는 어디에서 발휘될까요? 정치적 의지는 '거리'

에서부터 시작됩니다. 이는 익숙한 비유로 말하자면, 정보에 밝고, 적극적이며, 조직화한 대중 사이에서 형성된다는 의미입니다. 이런 형태의 정치적 의지가 발휘될 때, 그것은 권력의 중심, 그것이 민간이든 국가든, 아니면 서로 긴밀히 연결되었든, 그 중심에 도달하고 영향을 미칠 수 있습니다. 지금 우리가 직면한 위기 앞에서는 반드시 그 중심에 영향을 미쳐야만 합니다.

좀 더 구체적으로 말해 보죠. 2022년, 미국 의회는 인플레이션 감축법IRA이라는 '기념비적인 기후 법안'을 통과시켰습니다. 이 법은 미국 역사상 가장 중요하고 포괄적인 청정에너지 및 기후 관련 입법으로 평가되며, 많은 이가 이를 두고 '미국에서 기후 행동의 새 시대가 열렸다'고 칭송했지요. 하지만 그것은 정확한 평가지만 동시에 기후 행동의 역사와 이후 전망에 대한 씁쓸한 단면을 보여 줍니다.

이 법안은 긍정적인 측면이 없지는 않지만 바이든 행정부가 강력한 대중 운동의 힘을 받아 버니 샌더스 상원의원실을 통해 처음 제안했던 원안과 비교하면, 그저 희미한 그림자에 불과합니다. 관련 맥락에서 2021년 알렉산드리아 오카시오-코르테즈 하원의원과 에드 마키 상원의원이 이전에 제안했던 '그린 뉴딜' 결의안을 재발의했고, 이와 유사한 초안이 의회에 다시 제출된 바 있습니다.

바이든 행정부의 원안이 그대로 법으로 제정되었다면, 그것이야말로 진정한 '획기적인 법안'이 되었을 것입니다. 물론 현재 우리가 직면한 기후 위기의 심각성을 고려하면 여전히 충분하다고 볼 수는 없지만, 그래도 큰 진전이 될 만한 법안이었습니다. 하지만 그 법안은 인류 역사상 가장 심각한 위기에 대응하려는 어떤 시도에도 100% 반대하는 공화당에 의해 단계적으로 축소되었습니다. 그들은 극단적인 부와 기업 권력에 대한 열성적인 충성을 우선시하며 이를 조금이라도 침해할 가능성이 있는 정책을 가차 없이 배척했습니다. 여기에 몇 명의 우파 성향의 민주당원들까지 가세하면서 공화당의 급진주의는 원안의 핵심 내용 대부분을 삭제하는 데 성공했습니다.

미국의 정치 제도를 제대로 이해하려면 공화당이 환경 파괴에 집착하는 것이 단순히 반사회적인 악의에서 비롯된 행동은 아니라는 점을 명심해야 합니다.

2008년, 공화당 대선 후보였던 존 매케인은 기후 변화에 대응하기 위한 제한적인 정책들을 제안했고, 당시 공화당 소속의 몇몇 의원들도 관련 조치들을 신중히 검토했습니다. 그러나 오랜 기간 거대 에너지 기업을 운영해 온 코크 형제는 공화당이 기후 변화 문제에 대해 좀 더 책임 있는 입장으로 선회하지 못하도록 막기 위해 즉각 개입했습니다. 그들은 공화당의 이런 이탈 조짐을 감지하자 즉시 정통 노선을 되찾기 위해 전방위적 압박을 가했습니다. 뇌물, 협박, 로비, 인위적인 여론 조성 등 책임은 지지 않으면서도 막강한 경제적 권력을 가진 그 집단은 동원할 수 있는 모든 것들을 수단으로 삼았죠. 그러한 것들은 빠르고 효과적이었습니다. 그 결과 그때부터 지금까지 공화당은 집중된 권력 집단의 단기적 이익을 위한 요구에 완전히 굴복한 채 파괴로 향하는 질주를 멈추려는 시도를 찾아보기 어려워졌습니다.

이는 아마 극단적인 사례일 수도 있겠지만, 현재 지배적인 형태의 국가자본주의에서 크게 벗어나지 않습니다. 특히 신자유주의라고 불리는 야만적 자본주의 시대에서는 더욱 그렇습니다. 신자유주의는 본질적으로 '자유시장'이라는 터무니없이 오도된 용어로 포장된 가혹한 계급 전쟁의 한 형태이며, 그 실상을 보면 이는 명확히 알 수 있습니다.

인플레이션 감축법으로 돌아가 보죠. 이 법의 핵심 구성 요소 중 하나는 화석연료 산업과 이들을 지원하는 금융 기관들이 보다 책임 있는 방향으로 나아가도록 유도하기 위한 다양한 회유책입니다. 그러나 그 방식은 주로 뇌물과 보조금 형태로 이루어져 있으며, 그중에는 앞으로 수십 년간 석유를 계속 추출할 수 있도록 연방 토지를 이용하게 해 주는 일종의 '선물'도 포함되어 있습니다. 이러한 조치는 사실상 우리가 이미 돌이킬 수 없는 기후 파괴의 임계점을 넘어선 이후에도 파괴적 산업 활동이 지속될 수 있도록 허용하는 셈입니다.

이러한 전술적 선택은 기존의 제도적 구조를 감안하면 일정 부분 이해할 수 있습니다. 엘리트 문화에서는 모든 관심사가 민간 경제의 주인들을 위한 복지에 종속되어야 한다는 인식이 암묵적으로 공유되고 있지요. 이는 마르크스가 말했듯이 마치 모세와 예언자의 가르침처럼 받아들여지고 있습니다. 주인들이 만족하지 않으면 사회 전체가 방향을 잃는다는 암묵적인 전제가 깔려 있는 셈입니다.

제2차 세계대전 당시, 사회 전체가 전쟁을 위해 총동원되었죠. 전시 행정을 총괄하던 헨리 스팀슨은 "자본주의 국가에서 전쟁을 하거나 준비하려면, 기업들이 그 과정에서 돈을 벌 수 있게 해 줘야 한다. 그렇지 않으면 기업들이 협조하지 않을 것이다."라고 말했습니다. 기업 지도자들은 전시 생산을 조정하도록 정부로부터 요청받았지만, 여전히 자신들이 운영하는 기업의 이익을 염두에 두고 있었습니다. 기업들이 협력할 수 있도록 하는 일반적인 방식은 '원가 플러스 고정 수수료cost-plus-fixed-fee' 시스템이었는데, 이 방식은 정부가 개발 및 생산 비용을 모두 보장하고 생산된 물품에 대해 일정 비율의 이익을 지급하는 방식이었습니다.

전쟁에서 승리하는 것은 물론 중요합니다. 그러나 그보다 더 중요한 것은, '기업이 그 과정에서 수익을 올릴 수 있도록 하는 것'입니다. 이것이야말로 진정한 황금률이며, 인류 역사상 가장 파괴적인 전쟁 속에서도 예외 없이 적용되었습니다. 그리고 이 규칙은 오늘날 우리가 직면한 훨씬 더 거대한 전쟁, 곧 지구상의 조직화된 인류 삶을 지키기 위한 싸움에서도 반드시 지켜지는 원칙처럼 여겨지고 있습니다.

우리의 제도적 구조의 최고 원칙 또한 그 본질적인 광기를 잘 드러냅니다. 이는 마치 멕시코 정부가 마약 카르텔에 뇌물과 대가를 제공하며, 대량 학살을 조금만 줄여 달라고 호소하는 것과 같습니다.

푸틴의 우크라이나 침공 이후 유가가 급등했을 때, 석유 회사들이 우리에게 정중히 알려 온 것에 대해 우리는 놀랄 수밖에 없었습니다. 그들은 "죄송합니다, 여러분, 어쩔 수 없습니다."라고 말했죠. 그리고 그 말과 함께 그들의 이익은 눈덩이처럼 불어났습니다. 친환경 에너지에 대한 형식적인 투자마저 줄이고 단기적인 이윤 추구에 더욱 몰두했기 때문입니다. 지구의 생명이 어떻게 되든 그들에게는 그다지 중요하지 않았던 것이죠.

너무 익숙한 이야기 아닙니까? 2021년 10월, 영국 글래스고에서 열린 유엔 기후 변화 협약 당사국총회를 떠올려 봅시다. 미국 대표였던 존 케리는 시장이 이제 우리 편이라며 흥분을 감추지 못했습니다. 미국이 질 리 없다는 자신감은 당연했죠. 블랙록BlackRock과 같은 거대 자산운용사들이 지속 가능한 개발을 위해 수십조 달러를 투자하겠다고 약속했으니까요.

하지만 그 약속에는 두 가지 작은 전제가 붙어 있었습니다.

첫째, 그들의 선의의 투자는 반드시 수익성이 있어야 한다는 것, 둘째, 투자에는 아무런 위험도 따르지 않아야 한다는 거였죠. 이 모든 약속이 가능했던 것은 신자유주의 구조 아래에서 늘 구조조정을 맡는 '친절한 납세자들' 덕분이었습니다. 이는 경제학자 로버트 폴린과 제럴드 엡스타인Gerald Epstein의 표현을 빌린 것입니다.

저는 종종 애덤 스미스의 통찰을 인용하곤 합니다. 그는 모든 시대를 관통해 경제적 권력을 쥔 이들, 즉 '인류의 주인들'은 '모든 것은 우리를 위한 것이다. 다른 사람들을 위한 것은 아무것도 없다'라는 추악한 신조를 따른다고 앞에서도 말했습니다.

하지만 오늘날의 맥락에서 보면 애덤 스미스의 이 관찰은 다소 오해의 소지가 있습니다. 절대 권력을 가진 통치자들은 자신들의 막대한 부에 손해를 입더라도 어느 정도 신하들에게 자비를 베풀 여유가 있었습니다. 그러나 자본주의 체제는 이러한 추악한 신조로부터의 일탈을 허용하지 않습니다. 기본 규칙은 이익과 시장 점유율을 추구해야 하며, 그렇지 않으면 게임에서 퇴장당한다는 것입니다. 오직 조직화한 대중이 압력을 가해 규칙을 바꾸도록 만들 때에만, 우리는 이 추악한 신조에서 벗어날 수 있는 가능성을 기대할 수 있습니다.

많은 사람이 화석연료 기업의 CEO들과 그들에게 자금을 대는 은행들이 이미 탐욕을 뛰어넘는 상상을 초월할 정도의 부를 쌓고도 더 많은 돈을 벌기 위해 의식적으로 자신의 손자 세대까지 희생시키는 것을 이해하기 어렵다고 말합니다. 그러나 그들은 이렇게 설득력 있는 답변을 내놓습니다.

"네, 저는 그렇게 하고 있었습니다. 하지만 제가 이 관행에서 벗어난다면, 저 대신 이 방식을 고수할 누군가가 제 자리를 차지할 것입니다. 그리고 그 사람은 저만큼이나 최소한의 선의조차 갖고 있지 않을 수도 있습니다. 그러면 비극은 더욱 심해질 것이고요."

다시 말해, 우리는 제도의 광기에 사로잡혀 있습니다. 애덤 스미스의 통찰을 덧붙이자면, 경제 권력을 장악한 이들은 국가 정책의 '주요 설계자'로서 그 정책이 다른 이들에게 아무리 큰 고통을 안겨주더라도 자기 이익이 최우선적으로 보호되도록 만드는 데 성공합니다. 이는 결코 낯선 풍경이 아닙니다. 이처럼 책임지지 않는 권력은 안토니오 그람시가 '헤게모니적 상식'이라 부른 지배적 통념에 깊은 영향을 미칩니다. 예컨대, 여론

조사에 따르면 공화당 지지자들은 '기후 변화'에 대해 거의 관심을 보이지 않습니다. 기후 변화란 지구를 끓이는 것을 완곡하게 표현한 것에 불과하죠.

그들이 이런 중대한 사안에 무관심한 것은 놀라운 일이 아닙니다. 왜냐하면 그들이 주로 접하는 미디어, 대표적으로 〈폭스 뉴스Fox News〉 같은 채널은 이 문제를 하찮게 여기거나, 아예 실제로 존재하지 않는다고 주장하기 때문입니다. 그들에 따르면, 그것은 단지 '자유주의 엘리트'들이 그들의 음흉한 캠페인의 일환으로 꾸며낸 또 다른 조작에 불과하다고 합니다. 민주당이 '가학적 소아성애자들'에 의해 아동 길들이기를 하려고 하고 있다거나, 억압받는 백인 인종을 파괴하기 위한 '거대 대체' 계획을 세우고 있다고 주장합니다. 이는 공화당 유권자의 거의 절반이 믿고 있습니다. 무엇이든 앞으로도 우매한 대중을 통제하면서 그들에게 해를 끼치는 입법을 통과시키는 행동들이죠.

저는 공화당만이 문제라고 말하려는 게 아닙니다. 전혀 그렇지 않습니다. 그들은 다만 계급 전쟁을 극단으로 밀어붙였을 뿐이고, 그 결과가 이렇게 위험하고 불길하게 전개되지 않았다면 오히려 조롱거리로 여겨졌을지도 모릅니다.

앞서 저는 인플레이션 감축법의 한 구성 요소를 언급했습니다. 바로 악당들, 즉 기업들이 좀 더 나은 행동을 하도록 유도하기 위해 제공된 각종 인센티브와 보조금입니다. 그런데 이 법안에는 또 하나의 중요한 구성 요소가 있습니다. 바로 산업 정책인데 이는 신자유주의라는 공인된 교리에서 급진적으로 벗어난 움직임이라 할 수 있습니다. 이 경우 미국 반도체 산업을 회복시키기 위해 민간 기업에 막대한 공공 보조금이 지급되고 있죠.

그렇다면 여기서 우리가 던져야 할 질문이 있습니다. 공공의 지원에서 나온 이익이 부유한 주주들의 주머니나 초부유층 경영진의 주식 옵션으로 가야 할까요? 아니면 사회 전체가 함께 생산한 그 성과가 좀 더 공정하게 분배되어 오랫동안 소외돼 왔던 대다수 시민에게도 혜택이 돌아가야 할까요? 이 질문들은 간과해서는 안 됩니다.

그리고 우리가 간과해서는 안 될 또 하나의 중요한 맥락이 있습니다. 그것은 경제의 지배자들이 과거 자신들의 이익을 위해 산업 생산의 일부를 해외로 이전시켰고, 이제 그 일부를 자국 내로 다시 회귀시키려는 시도를 하고 있다는 사실입니다. 이 재편성 노력은 단순한 산업 정책이 아니라 중국의 경제 성장을 억제하려는 상업적 전쟁의 일환으로 진행되고 있습니다. 이 전쟁에서 핵심적인 전략 중 하나는 유럽, 한국, 일본 등 선진국들의 주요 산업이 중국에서 확보하고 있는 시장과 원자재 공급망을 포기하도록 압박하고, 이들을 미국 중심의 글로벌 패권 전략에 동조하게 만드는 것입니다. 이 전략이 실제로 어떤 결과를 가져올지는 아직 알 수 없지만, 매우 중대한 사안인 만큼 우리는 반드시 이 문제를 면밀히 주시하고 깊이 고민해야 할 것입니다.

물론 이 설명은 여러 중요한 세부 사항을 생략한 대략적인 개요에 불과합니다. 그럼에도 저는 이 일반적인 윤곽이 우리가 미래의 과제를 생각하는 데 유용한 틀을 제공한다고 생각합니다. 한 가지 그럴듯한 결론 중 하나는 야만적인 자본주의의 제도적 구조 안에서는 실질적인 희망이 거의 없다는 것입니다. 그렇다면 이 구조가 현실적으로 가능한 시간 안에 충분히 변화될 수 있을까요? 혹은 이 복합적인 자본주의 체계 안에 뿌리내린 야만성을 우리가 줄이거나 제거할 수 있을까요?

이를 되돌리는 방식으로 아이젠하워 시기의 자본주의와 유사한 형태로 회귀하는 방안을 상상하는 것이 전혀 비현실적인 발상은 아닙니다. 물론 당시의 자본주의 역시 심각한 한계를 지녔지만, 여전히 '국가자본주의의 황금기'로 평가받을 만큼 상대적으로 더 공정한 체계였습니다.

지난 수십 년간 진행된 격렬한 계급 전쟁의 가장 파괴적인 결과들을 완화하는 일은 여전히 충분히 실현 가능한 목표입니다.

그렇다면 야만적 상황을 완화하는 것만으로 거리에서 형성된 '정치적 의지'가 최악을 막고, 현실적으로 상상할 수 있는 더 나은 미래로 나아가는 길을 우리가 열게 해 줄까요? 이를 알아볼 방법은 단 하나뿐입니다. 즉, 그 과업을 실현하기 위한 우리의 헌신적인 노력뿐이죠.

C. J. 폴리크로니우

▦ 최근 발표된 기후 변화에 관한 정부 간 패널IPCC의 종합 보고서에 대해 어떻게 보시나요? 보고서에 따르면, 2050년 이전까지 모든 부문에서 이산화탄소 배출을 '넷제로' 수준으로 줄여야 한다고 하는데, 정말 그것이 가능하다고 생각하시나요? 가능하다면 우리는 어디서부터 시작해야 할까요? 그런데 그 질문에 앞서 하나 짚고 넘어가고 싶은 것이 있습니다. '넷제로' 혹은 '탄소 제로'라는 말은 말 그대로 배출량이 완전히 '제로'라는 뜻인가요?

— **로버트 폴린**

▦ 2022년, 전 세계 이산화탄소 총배출량은 405억 톤에 달했습니다. 이 중 366억 톤, 즉 전체의 약 90%는 석유, 석탄, 천연가스를 연소해 에너지를 생산하는 과정에서 발생한 것입니다. 나머지 10%인 39억 톤은 주로 농업과 광업을 위한 산림 벌채 등, 토지 이용 변화에서 비롯된 배출이었습니다.

2022년의 총배출량은 코로나 봉쇄 직전인 2019년의 최고 배출량보다 약간 낮은 수준이었습니다. 2020년에는 봉쇄로 인해 전 세계 배출량이 약 6% 감소했으나, 2021년부터 경제 활동이 재개되면서 다시 증가하기 시작했습니다. 2018년 획기적인 보고서를 발표한 이후, IPCC는 산업화 이전 대비 평균 기온 상승을 1.5도 이내로 안정화할 합리적 기회를 확보하기 위해서는 전 세계 이산화탄소 배출량을 2030년까지 약 절반 수준인 200억 톤으로 줄이고, 2050년까지 '넷제로' 배출에 도달해야 한다고 점점 더 강력하게 주장하고 있습니다.

'넷제로$_{\text{Net Zero}}$'라는 개념이 정확히 무엇을 의미하는지 묻는 것은 매우 적절한 질문입니다. 사실 '넷제로 배출'이라는 표현에서 '넷$_{\text{net}}$'이라는 단어 하나만으로도 기후 해결책에 대한 심각한 모호성과 왜곡이 발생할 수 있습니다. 화석연료 생산업체와 그로부터 이익을 얻는 이해관계자들은 이 같은 모호성을 전략적으로 활용하고 있죠.

핵심은 '넷제로'라는 용어가 2050년까지 이산화탄소 배출량이 여전히 상당히 높은 수준을 유지하는 시나리오를 허용한다는 점입니다. 즉, 우리는 여전히 석유, 석탄, 천연가스를 연소하여 에너지를 생산하고 있으며, 여전히 아마존 열대우림을 포함한 산림 지역을 파괴하고 있다는 것이죠. 이처럼 배출이 지속되는 상황에서 소위 '탄소 중립'에 도달한다는 것은 이른바 '탄소 포집$_{\text{Carbon Capture}}$' 기술이라는 이름으로 분류된 다양한 조치를 통해 이러한 배출을 대기에서 제거하는 방식에 의존하게 된다는 뜻입니다.

　탄소 포집 기술이란 무엇인가요? 지금까지 효과적이고 안전한 것으로 입증된 탄소 포집 기술은 단 하나뿐입니다. 바로 나무를 심는 거죠. 더 구체적으로 말하자면, 조림afforestation을 의미합니다. 즉, 이전에 숲이 없었거나 숲이 파괴된 지역에 숲의 면적이나 밀도를 증가시키는 것입니다. 흔히 사용되는 '재조림reforestation'이라는 표현도 조림의 한 형태입니다. 조림이 효과적인 이유는 단순합니다. 살아 있는 나무가 대기 중의 이산화탄소를 흡수하기 때문이죠. 이는 동시에 왜 삼림 파괴가 이산화탄소를 대기 중으로 방출하여 지구 온난화를 가속시키는지를 잘 설명해 줍니다.

　하지만 조림이 과연 화석연료 연소로 인해 지속적으로 배출되는 막대한 양의 이산화탄소를 어느 정도까지 상쇄할 수 있을까요? 독일 포츠담 지속가능성 연구소의 마크 로렌스와 연구진이 수행한 신중한 분석에 따르면, 조림을 통해 2050년까지 연간 5억~35억 톤의 이산화탄소 감축이 가능할 것으로 전망됩니다. 현재 전 세계의 연간 이산화탄소 배출량이 약 400억 톤에 달하는 점을 고려하면, 이 수치는 다소 제한적이지만 의미 있는 기여라 할 수 있습니다. 로렌스 연구팀의 예측이 대체로 정확하다면, 조림은 좀 더 광범위한 기후 대응 전략 속에서 중요한 보완책이 될 수 있을 것입니다. 그러나 우리가 여전히 막대한 양의 화석연료를 태우는 한, 조림만으로는 대기 중 탄소를 제거하는 근본적인 해법이 되기는 어렵습니다.

나무를 심는 것보다 더 고도화된 기술적 방법들도 있습니다. 화석연료 산업 지지자들에 따르면, 이산화탄소를 포집한 뒤, 지하 저장소에 영구적으로 저장하거나 재활용하여 연료로 다시 사용할 수 있다고 합니다. 하지만 이러한 기술들은 아직 상업적으로 대규모로 운영할 수 있는 수준에는 이르지 못했습니다. 수십 년 동안 화석연료 기업들에 이러한 기술 개발을 위해 큰 인센티브를 제공해 왔음에도 불구하고 말이죠.

사실 최근 IPCC 보고서의 최종 작성 단계에서 화석연료 생산국들은 이산화탄소 포집 기술을 주요 기후 해결책으로 부각시키기 위해 적극적인 로비를 벌였습니다. 다가오는 글로벌 기후 회의인 COP28은 2023년 11월과 12월, 아랍에미리트에서 열릴 예정입니다. 주목할 점은 COP28 의장으로 내정된 술탄 알자베르는 아부다비 국영 석유회사의 최고경영자이기도 하다는 사실입니다.

《파이낸셜 타임스 Financial Times》에 따르면, 그는 '화석연료 생산을 줄이기보다는 배출량을 줄이는 것이 중요하다'는 입장을 지속적으로 강조해 왔습니다. 다시 말해, 그의 주장에 따르면 아부다비 국영 석유회사 ADNOC를 비롯한 석유 생산 기업들은 여전히 막대한 석유 수익을 유지하면서 현재로서는 제대로 작동하지 않고, 앞으로도 작동할지 불확실한 기술에 지구의 미래를 걸어도 된다는 것입니다.

그러나 최신 IPCC 보고서는 전 세계적으로 이산화탄소 포집 기술의 도입 속도가 기후 안정화라는 현실적인 목표를 달성하기에는 턱없이 부족하다는 결론을 내렸습니다. IPCC는 이 기술이 기술적·경제적·제도적·생태적·환경적·사회문화적 장벽에 막혀 있다고 명확히 지적하고 있습니다.

이제 다시 질문의 출발점으로 돌아가 보겠습니다.

나무를 심는 방식이 현재 화석연료 연소로 인한 배출량의 겨우 5~10%만을 상쇄할 수 있다는 전제를 바탕으로 할 때, 과연 우리는 2050년까지 넷제로를 달성할 수 있을까요? 다시 말해, 전 세계 경제 전반에서 화석연료 소비를 효과적으로 퇴출시키는 것이 가능할까요?

간단히 말하면 가능합니다. 비록 현재 전 세계 에너지의 약 85%가 석유, 석탄, 천연가스의 연소를 통해 생산되고 있다는 사실을 인정해야 하더라도 말이죠. 우리는 동시에 사람들이 여전히 건물의 조명, 난방과 냉방, 자동차와 대중교통, 항공, 컴퓨터, 산업 기계 등 다양한 용도로 에너지를 지속적으로 필요로 하고 있다는 점도 간과해서는 안 됩니다. 그럼에도 순전히 분석적·경제적·정책적 관점에서 볼 때, 다시 말해 어떤 대가를 치르더라도 화석연료 산업의 이익을 지키려는 세력과는 무관하게 2050년까지 전 세계 이산화탄소 배출량을 '넷제로'로 만드는 것은 충분히 현실적인 목표입니다. 제가 추정한 상한선에 따르면, 기존의 화석연료 중심 인프라를 대체할 전 세계 청정에너지 인프라를 구축하기 위해서는 매년 전 세계 GDP의 약 2.5%에 해당하는 평균 투자 지출이 필요할 것으로 보입니다. 이는 오늘날의 세계 경제에서는 약 2조 달러 그리고 지금부터 2050년까지의 기간을 고려할 때 연평균 약 4.5조 달러에 해당합니다. 이는 분명 엄청난 금액입니다.

그러나 GDP 대비 연간 투자 비율로 보면, 이 수치는 미국과 다른 고소득 국가들이 코로나 봉쇄 기간 동안 경제 붕괴를 막기 위해 지출한 재정의 약 10분의 1에 불과합니다.

이러한 투자는 두 가지 핵심 영역에 집중되어야 합니다. 첫째는 건물, 자동차, 대중교통 시스템, 산업 생산 과정 전반에 걸쳐 에너지 효율 기준을 획기적으로 개선하는 것이며, 둘째는 전 세계 모든 부문과 지역에서 화석연료와 경쟁력 있는 가격으로 공급 가능한 청정 재생에너지, 주로 태양광과 풍력의 공급을 대대적으로 확대하는 것입니다.

이러한 투자는 '글로벌 그린 뉴딜'의 핵심 요소로 전 세계 모든 지역에서 새로운 일자리를 창출하는 강력한 원동력이 될 것입니다. 그 이유는 새로운 글로벌 에너지 인프라를 구축하려면 다양한 분야의 인력이 필요하기 때문입니다. 예컨대, 지붕 설치공, 배관공, 트럭 운전사, 기계공, 회계사, 사무 관리자, 기관사, 연구원, 변호사 등 모든 종류의 직업군이 이 전환 과정에 참여하게 됩니다. 실제로 청정에너지 인프라를 구축하는 데 필요한 인력은 기존 화석연료 기반 인프라를 유지하는 데 필요한 인력보다 약 2~3배 더 많을 것으로 예상됩니다.

글로벌 청정에너지 전환은 우리에게 더 저렴한 에너지를 제공할 것입니다. 미국 에너지관리청에 따르면, 2027년까지 태양광이나 풍력으로 1킬로와트시kWh의 전기를 생산하는 전체 비용은 석탄이나 원자력의 약 절반 수준에 이를 것으로 예측됩니다. 또한 청정에너지에 대한 투자와 함께 에너지 효율 기준을 높이면 다양한 기계를 작동시키는 데 필요한 에너지 소비량 자체가 감소합니다. 예를 들어, 그리고 교통수단의 운행 등에 드는 킬로와트시 사용량이 줄어드는 것이죠. 더 나아가 소규모 저비용 청정에너지 인프라는 아직 전력이 공급되지 않은 개발도상국 농촌 지역의 약 30%에 해당하는 지역에도 설치될 수 있어서 에너지 접근성 확대에도 중요한 역할을 하게 됩니다.

지난해 미국과 서유럽에서는 청정에너지 투자가 빠르게 증가하며 긍정적인 진전이 이루어졌습니다. 그러나 동시에 주요 석유 기업들의 이익은 2022년 사상 최고치인 2,000억 달러를 기록했습니다. 게다가 정치권은 여전히 석유 산업 앞에 무력한 모습을 보이고 있습니다. 대표적인 사례가 바로 조 바이든 대통령의 결정입니다. 그는 2020년 대선 당시 '연방 소유지에서의 신규 석유 시추를 금지하겠다'고 공약했지만, 최근에는 알래스카 내 연방 소유지에서 대규모 '윌로우 석유 시추 프로젝트'를 승인하며 정반대의 선택을 했습니다.

요약하자면, 넷제로는 기술적으로나 경제적으로 실현 가능한 목표입니다. 여기서 말하는 '넷'이란, 현재 배출량의 약 5~10%를 조림을 통해 흡수하는 방식을 의미합니다. 하지만 이러한 전환을 실현하기 위해서는 거대한 정치적 투쟁이 여전히 필요합니다. 겉으로는 기후 위기를 걱정하는 척하지만, 아랍에미리트 국영 석유회사와 엑슨모빌 ExxonMobil 같은 화석연료 기업들은 지구를 살리겠다는 명분 아래 자신들의 이익을 기꺼이 포기할 생각이 전혀 없습니다.

C. J. 폴리크로니우

▮▮▮▮ 노엄, 방금 로버트가 말한 녹색 경제로의 전환은 매우 논리적이고 설득력 있게 들립니다. 그러나 최근 발표된 IPCC 보고서에서도 분명히 지적하듯이 이러한 전환은 주요 자금원과 기술에 대한 접근뿐 아니라 모든 수준의 거버넌스에서의 조정, 다양한 이해관계자 간의 합의, 그리고 국제 협력을 반드시 수반해야 합니다. 분명히 인류 앞에는 막대한 과제가 놓여 있습니다. 그리고 많은 사람이 인간의

본성과 현재의 정치 제도를 고려할 때, 그런 수준의 조정과 협력이 가능할지에 대해 회의적일 것입니다.

　세계 정치사의 흐름을 감안하면, 이러한 다소 비관적이지만 반드시 비이성적이라고만은 할 수 없는 견해에 대해, 당신은 어떻게 답하시겠습니까?

── **노엄 촘스키**

　▦ 핵심 구절은 바로 '인간의 본성과 오늘날의 정치 제도'라는 표현이겠죠. 먼저 후자인 정치 제도에 대해 말하자면, 지금의 정치 체제하에서 희망을 찾기란 매우 어렵습니다. 그 체제란 바로 흔히 '신자유주의'라는 잘못된 이름으로 불리는 실상은 가혹한 계급 전쟁 속에서 형성된 약탈적 자본주의 체제입니다. 그 해로운 영향들을 일일이 다시 열거할 필요도 없을 것입니다. 언제나 그렇듯이 가장 가혹한 대가는 부유한 국가의 가장 취약한 계층과 그 너머의 가난한 국가들, 특히 개발도상국의 사람들에게 고스란히 전가되었습니다. 이들 대부분은 가혹한 구조조정 프로그램을 감내해야 했습니다. 그 여파는 라틴아메리카의 '잃어버린 수십 년'에서부터 유고슬라비아와 르완다의 사회 질서 붕괴에 이르기까지 광범위하게 퍼졌고, 이는 이후 발생한 수많은 참사의 주요 배경이 되었습니다.

　많은 사람이 '신자유주의' 시대를 옹호하거나 심지어 적극적으로 찬양하기도 합니다. 물론 우리가 논의했던 랜드연구소의 연구에 따르면, 미국 노동자 계층과 중산층이 받아야 했을 약 50조 달러가 상위 1%에게 돌아간 이 대규모 약탈의 수혜자들이 그런 입장을 보이는 것은 충분히 예상할 수 있습니다.

그러나 이러한 옹호자들 중에는 단순한 이해당사자뿐만 아니라 진지한 분석가들도 포함되어 있습니다. 그들은 수억 명의 사람들이 빈곤에서 벗어난 점을 근거로 신자유주의의 공로를 칭송하죠. 하지만 이 역시 압도적으로 중국에서 일어난 현상이며, 중국은 신자유주의자들이 이상적으로 여기는 '자유시장 자본주의' 모델과는 분명 거리가 먼 국가입니다.

또 하나 간과되어선 안 될 점은 이러한 긍정적인 결과들이 '건전한 경제학'에 따른 결정의 산물이 아니었다는 사실입니다. 그 이면에는 다시 한번 추악한 원칙이 작동하고 있습니다. 그 원칙이란 바로 노동자들끼리 경쟁을 유도하고 자본에는 막대한 특혜를 제공하는 것입니다. 여기에는 클린턴 행정부 시기 체결된 고도로 보호주의적인 투자자 권리 협정들도 포함됩니다. 이 협정들은 기이하게도 '자유무역협정'이라는 이름으로 불렸지만 실상은 전혀 그렇지 않았죠.

당시 미 의회 산하의 기술평가국OTA과 노동운동 진영은 이에 대한 구체적이고 실현 가능한 대안들을 제시했습니다. 이들 대안은 모든 국가의 노동자들이 함께 혜택을 누릴 수 있는 고

성장·고임금의 국제 경제를 구축하는 것을 목표로 했습니다. 그러나 치열한 계급 전쟁이 벌어졌던 시대에 이러한 대안은 검토조차 되지 못한 채 묵살당했습니다.

야만적인 자본주의 체제가 인간의 생존에 거의 희망을 주지 못한다는 것은 이제 이성적으로 내릴 수 있는 결론입니다. 앞서 언급했듯이 가장 큰 희망은 야만적 체제의 영향력을 약화시키는 데 있습니다. 동시에 반인간적인 자본주의 질서를 해체하는 일은 장기적이고 지속적인 과제임을 분명히 인식해야 합니다. 그리고 이 과제는 단기적으로 야만성을 완화하려는 긴급한 노력과 결코 충돌하지 않습니다. 오히려 이 두 방향의 실천은 서로를 보완하고 강화할 수 있어야 합니다.

그렇다면 인간 본성에 대해서는 그 역할에 대해 우리가 무엇을 말할 수 있을까요? 어떤 영역에서는 꽤 많은 것을 말할 수도 있겠죠. 그러나 인간의 기본적인 인지 본성에 대해 상당히 많은 것이 연구되었지만, 우리가 관심을 갖는 주제에 대해 몇 가지 암시적인 힌트만 제공할 뿐 명확하게 확신을 가지고 말할 수 있는 것은 거의 없습니다.

역사를 돌아보면 인간 본성에 부합하는 것들이 시대에 따라 크게 달라졌음을 알 수 있습니다. 과거에는 정상으로 여겨졌던 행동들이 오늘날에는 공포를 불러일으키기도 하죠. 이런 사실은 먼 과거가 아닌 최근의 역사에서도 확인할 수 있습니다. 가장 극적인 예 중 하나는 독일의 사례입니다.

1920년대 독일은 예술과 과학 분야에서 서구 문명의 정점을 이루었을 뿐 아니라 민주주의의 모범국으로 여겨졌습니다. 그러나 불과 10년 후, 독일은 타락의 깊은 골짜기로 떨어졌습니다. 그런데 그로부터 또 10년 후, 독일은 이전의 길로 돌아가기 시작했습니다. 같은 사람들, 같은 유전자, 같은 기본적 인간 본성이었지만 변화하는 사회적·정치적 환경에 따라 전혀 다른 방식으로 표현된 것입니다.

수많은 예시가 있겠지만 우리의 현재 논의와 매우 관련 깊은 한 가지 사례는 '고용에 대한 인식의 변화'입니다. 신자유주의 공세가 지속된 결과 오늘날에는 비교적 안정적인 일자리를 찾는 것이 높은 목표가 되었습니다. 이는 가혹한 자본주의가 만들어 낸 불안정한 노동 환경 속에서 살아남아야 하기 때문이죠.

그러나 약 한 세기 전, 제1차 세계대전 직후의 서구 산업 사회에서는 노동자들이 자본주의 독재의 족쇄에서 벗어나도록 하기 위한 매우 다른 사회적 질서를 만들려는 주요한 노력들이 있었습니다. 영국에서는 길드 사회주의, 이탈리아에서는 노동자 운영 기업, 그 외에도 다양한 실험적 움직임들이 나타났습니다. 이러한 움직임들은 기존 자본주의 질서에 심각한 위협으로 인식되었고 결국 각기 다른 방식으로 억압당했습니다. 미국에서는 윌슨의 극단적인 '적색 공포'[8] 정책이 활기찬 노동운동과 사회 민주주의 정치를 짓밟았습니다. 뉴딜 시대에 약간의 부활이 있었지만 그조차도 끊임없는 공격에 시달리며 위축될 수밖에 없었습니다.

과거에는 노동자들이 일자리를 갖는 것, 즉 깨어 있는 시간의 대부분을 주인에게 복종하며 보내는 것을 기본적인 인권과 존엄성에 대한 참을 수 없는 침해로 여겼습니다. 이는 일종의 가상 노예제도로 일반적으로 '임금 노예제'로 불렸습니다. 미국 최초의 대규모 노동 조직인 '노동기사단Knights of Labor'의 슬로건은 '공장에서 일하는 자들이 그 공장을 소유해야 한다'는 것이었습니다. 노동자들은 스스로를 인류의 주인이라 자처하는 이들의 명령에 복종해서는 안 된다고 생각했습니다. 한편, 급진적인 농민들은 북동부의 은행가들과 시장 관리자들의 손아귀에서 벗어나기 위해 조직화했으며, '협동주의 공화국'을 만들기 위해 노력했습니다. 이들은 진정한 의미의 포퓰리스트

---

8 **적색 공포** 진실한 미국인(real American)을 보호하려는 목적에서 공산주의, 무정부주의, 급진주의, 노동조합주의, 기타 비미국적(un-American)사상과 행위에 대한 전국민적 공포 히스테리 열풍으로 정의할 수 있다.

였죠.

　농업 계층과 산업 노동 계층을 하나로 통합하려는 유망한 움직임들도 있었습니다. 그러나 미국 역사 전반에서 그랬듯이 이러한 시도들 역시 국가 권력과 사적 권력에 의해 무너졌습니다. 미국 사회는 산업화된 국가들 가운데서도 유독 경제 지배층의 권력이 강력하고, 계급 의식 또한 뚜렷한 사회입니다. 이는 산업 민주주의 국가들 가운데 미국의 예외적인 특징으로 그만큼 정치적·사회적 파급 효과도 큽니다.

　주인에게 복종하는 삶을 인간의 기본적인 존엄성과 권리에 대한 참을 수 없는 침해로 여겼던 태도가 이제는 그런 삶을 오히려 최고의 열망처럼 받아들이게 된 변화는 인간 본성이 바뀌었기 때문이 아닙니다. 본성은 같지만 달라진 환경이 만들어낸 결과일 뿐입니다.

　살기 좋은 사회를 만들기 위해서는 우리의 기본적인 본성의 여러 측면을 향상시켜야 합니다. '상호 도움, 타인에 대한 공감과 연대, 사회 정책 결정에 자유롭게 참여할 권리' 등이 핵심입니다. 하지만 이는 많은 이에게 의미 있는 삶의 중요 부분이 될 수 있는 다른 선택들을 제한하게 되는 걸 피할 수 없습니다.

　지속 가능한 경제로의 전환은 더 이상 선택이 아닌 필연적 과제이며, 삶의 질을 크게 향상시키는 방식으로도 충분히 이루어질 수 있습니다. 그러나 그 전환이 쉽지는 않을 것이며, 상당한 사회적·경제적 부담이 뒤따를 것입니다.

C. J. 폴리크로니우

▓ 금융은 지구 온난화를 억제하는 데 핵심적인 역할을 합니다. 하지만 세계 경제는 언제나 어떤 형태로든 위기 상황에 놓여 있으며, 최근에는 새로운 금융 위기 가능성까지 제기되고 있죠. 기후 붕괴를 막기 위해서는 2030년까지 전 세계 온실가스 배출량을 최소 40% 이상 감축해야 하는 것으로 보입니다. 그런데 정치적으로 아무 대응도 못 하는 이 상황을 극복하고 이를 달성할 수 있는 충분한 글로벌 자본과 유동성이 있을까요?

— **로버트 폴린**

▓ 청정에너지로의 전환에 필요한 자금은 충분히 마련할 수 있습니다. 앞서 언급했듯이 우리는 매년 전 세계 GDP의 약 2.5%를 신재생 에너지에 투자해야 합니다. 이 수치는 코로나 봉쇄 기간 동안 선진국들이 경제 회복을 위해 GDP의 약 25%를 투입했던 것과 비교하면 훨씬 적은 규모에 불과합니다. 또한 2022년에는 화석연료 보조금이 두 배로 증가하여 1조 1천억 달러에 달했습니다. 이 막대한 자금을 계속해서 석유 기업들의 가격 조작과 이윤 추구를 지원하는 데 쓰기보다는 신재생에너

지 소비와 투자로 전환한다면, 현재 필요한 청정에너지 전환 자금의 거의 절반을 충당할 수 있을 것입니다.

효과적인 정책이 시행된다면 최근 미국과 유럽에서 발생한 금융 부문의 혼란이 청정에너지 분야로의 대규모 자금 유입에 장애물이 되지는 않을 것입니다. 오히려 그러한 정책은 청정에너지 투자를 저위험의 안정적인 투자처로 인식하도록 유도할 수 있으며, 이를 통해 청정에너지 부문에 대한 투자 활성화는 물론 금융 시스템 전체의 안정성 강화에도 기여할 수 있습니다.

예를 들어, 이 채권은 미국 국채처럼 안전한 투자처로 간주되며, 사실상 채무 불이행의 위험이 없습니다. 단, 이는 미국 하원 공화당이 연방 정부의 부채 한도를 인상할 최소한의 합리성을 유지한다는 전제가 따릅니다. 정부는 이렇게 조달한 자금을 활용해 민간 기업으로부터 태양광 및 풍력 에너지를 구매하고, 이를 통해 공공기관에 전력을 공급할 수 있습니다. 민간 청정에너지 공급업체들은 정부와 장기 계약을 체결함으로써 재정적 안정성을 확보하게 되고, 이 과정은 금융 시스템 전반에 또 하나의 안정적인 기반으로 작용할 것입니다.

또한 정부가 이러한 시장을 보장하는 구조를 갖추게 되면, 청정에너지 공급업체들의 이윤도 현재의 공공시설처럼 일정한 규제를 받아 제한될 겁니다. 아울러 연방 정부는 그린 본드

(친환경 프로젝트에 자금을 조달하기 위해 발행되는 채권)로 조성한 자금의 상당 부분을 개발도상국 지원에 활용할 수 있습니다. 이는 부유한 국가로서 우리가 기후 위기의 책임을 다하고, 이들 국가의 청정에너지 전환을 돕기 위한 도덕적·정치적 의무를 이행하는 방식이기도 합니다. 왜냐하면 미국과 다른 부유한 국가들이 기후 위기의 주요 원인 중 하나이기 때문이죠. 동시에 이와 같은 목적에 사용되는 그린 본드는 여전히 미국 국채로 간주되므로 채무 불이행(디폴트)의 위험이 없는 안전한 투자처로 유지될 수 있습니다. 유사한 그린 본드 정책은 다른 부유한 국가들에서도 손쉽게 도입 가능하며, 글로벌 차원에서 광범위하게 확산될 수 있는 실행력 있는 모델이 될 수 있습니다.

결과적으로 정부가 보증하는 이러한 안전한 투자 방식은 글로벌 금융 시스템의 안정을 도모하는 동시에 월스트리드식 무분별한 투기를 조장하는 대신, 전 세계 기후 안정화 프로젝트에 자본이 흐르도록 유도하는 중요한 역할을 하게 될 것입니다.

2부

전쟁의 구조

전장과 세계 질서의 균열

우크라이나 전쟁은 단순한 국지 분쟁이 아니다. 그 이면에는 패권 질서, 무기 산업, 외교 실패, 그리고 국제 언론의 편향된 시선이 있다. 이 장은 전쟁의 본질을 '누가 옳은가'가 아닌 '왜 이 전쟁이 가능했는가'라는 질문으로 접근한다. 전쟁을 읽는 방식이 곧 우리가 평화를 상상하는 방식이다.

* 노엄 촘스키 *

격화되는 전쟁, 위태로워지는 외교적 타협의 가능성

2022년 11월 16일

C. J. 폴리크로니우

▎노엄, 우크라이나 전쟁이 3년째에 접어들면서 상황은 갈수록 악화되고 있습니다. 러시아는 우크라이나의 에너지 기반 시설을 지속적으로 타격하고 있으며, 동부 전선에서는 공세를 더욱 강화하고 있습니다. 우크라이나는 러시아를 전장에서 물리칠 수 있다고 믿으며 서방에 더 많은 무기를 요청하고 있습니다.

현 상황에서 외교적 해법을 통한 전쟁 종식이 가능할까요? 실제로 전쟁 양상이 이렇게 고조된 상태에서 어떻게 갈등이 완화될까요? 당사국들 사이에 공동의 결정을 내릴 수 있는 조건조차 갖춰지지 않은 상황에서 말입니다. 예컨대, 러시아는 2022년 2월 24일 침공 이전의 국경선으로 복귀하는 방안을 절대 수용하지 않겠다는 입장을 고수하고 있습니다.

── **노엄 촘스키**

▦ 이것은 예고된 비극입니다. 우리가 지난 몇 달간 논의해 온 내용을 간단히 되짚어볼까요? 푸틴의 침공 이전, 민스크 협정을 기반으로 한 외교적 해법이 마련되었더라면, 이 끔찍한 사태는 충분히 막을 수 있었을지도 모릅니다. 물론 우크라이나가 이 협정을 실제로 수용할 의지가 있었는지는 논쟁의 여지가 있지만, 적어도 러시아는 침공 직전까지 이를 공식적으로 인정하는 듯한 태도를 보였습니다. 그러나 미국은 민스크 협정을 배제하고 우크라이나를 나토, 즉 미국 주도의 군사 체계에 편입시키는 방향으로 움직였으며, 러시아의 안보 우려는 전혀 고려하지 않았습니다. 이러한 방향은 바이든 행정부 들어 더욱 가속화되었습니다. 그렇다면 외교적 해결이 이 비극을 막을 수 있었을까요? 그 답을 알 수 있는 유일한 방법은 있습니다. 시도해 보는 것이죠. 하지만 그 기회는 무시되었죠.

한편, 푸틴은 프랑스 대통령 에마뉘엘 마크롱이 이 전쟁을 피할 수 있는 마지막 외교적 대안을 제시하며 끝까지 노력했음에도 이를 거부했습니다. 결국 그는 마크롱의 제안을 경멸하듯

일축했고, 그로 인해 자기 자신과 자국에 중대한 손해를 입히게 되었습니다. 그 결과 유럽은 미국의 영향력 아래 더욱 깊숙이 편입되었고, 이는 워싱턴이 오랫동안 추구해 온 목표이기도 했습니다. 푸틴의 침략이라는 범죄 행위는 동시에 어리석음이라는 또 다른 범죄로 그 무게가 더해졌습니다. 그의 개인적 입장에서도 이는 명백한 전략적 실책이었습니다.

우크라이나와 러시아 간 협상은 지난 3~4월경, 튀르키예의 중재로 일정 기간 진행된 바 있습니다. 그러나 결국 협상은 결렬되었고 그 배경에는 미국과 영국의 반대가 있었던 것으로 알려져 있습니다. 전반적으로 주류 사회에서는 외교의 역할을 과소평가하는 경향이 존재합니다. 아직 모든 자료를 충분히 검토하지는 못했기 때문에 미국과 영국의 반대가 협상 결렬에 어느 정도 영향을 미쳤는지는 단정할 수 없습니다.

전쟁 초기, 미국 정부는 러시아가 빠르게 우크라이나를 장악할 것으로 예측하고 우크라이나 정부의 망명 계획까지 준비하고 있었습니다. 하지만 러시아군의 예기치 못한 취약성 노출과 우크라이나의 예상 이상으로 강력한 방어력은 군사 전문가들에게 큰 충격을 안겼습니다.

또한 주목할 점은 러시아가 미국과 영국이 과거 전쟁에서 활용했던 방식, 그리고 이스라엘이 가자 지구에서 적용한 전술을 채택하지 않았다는 사실입니다. 이 전략은 통신망, 교통 체계, 에너지 공급 등 사회 핵심 인프라를 재래식 무기로 신속하게 파괴함으로써 적의 저항 능력을 조기에 무력화하는 데 목적이 있습니다. 즉, 사회 기반 시설을 집중적으로 타격하여 전투 지속 능력을 초기에 붕괴시키는 방식이지만 러시아는 이를 따르지 않았습니다.

이후 워싱턴은 중대한 결정을 내립니다. 러시아의 국력을 약화시키기 위해 전쟁을 지속하도록 놓아두기로 한 것이죠. 이를 위해 평화 협상 가능성을 배제하고 위험한 선택을 했습니다. 이런 접근의 근간에는 크렘린(러시아의 중앙 권력)이 결국 패배를 인정하고 조용히 철수할 것이라는 낙관적 추측이 자리하고 있었습니다. 그러나 이 전략은 도박과도 같았습니다. 모스크바가 보유한 재래식 군사력을 동원해 우크라이나 전역을 광범위하게 파괴하지 않으리라는 보장이 없었기 때문입니다. 우크라이나의 전투 지속 여부는 그들의 선택 사항이지만, 미국의 관여는 우리가 검토해야 할 사안입니다.

예상대로 푸틴은 전쟁을 확장하는 방향으로 움직였습니다. 최근 수 주간 우크라이나의 에너지 기반 시설을 체계적으로 타격하고, 동부 지역에 대한 군사 작전도 한층 강화하고 있습니다. 다. 푸틴이 이제 미국·영국·이스라엘이 과거 채택해 온 전술, 즉 사회 기반 시설을 타격하는 전략으로 전환한 점은 분명히 규탄받을 만한 일입니다. 그러나 역설적으로 과거 서구 국가들이 이 전략을 실행했을 때는 국제 커뮤니티는 특별한 이의를 제기하지 않았습니다. 오히려 미국과 서구권이 시도한 위험한 모험이 궁극적으로 러시아의 전쟁 확대를 초래했다는 점에서 이번 사태는 이미 오래전부터 예상된 결과였습니다. 그럼에도 누구도 이에 대한 책임을 인정하지 않을 것입니다. 남는 것은 단지 이번 전쟁을 통해 얻을 수 있는 몇 가지 교훈이 존재할 가능성뿐입니다.

우크라이나에 대한 전폭적인 지지를 유지하면서도 외교적 해결의 필요성을 제기하는 온건한 자유주의적 입장은 종종 즉각적이고 격렬한 비난의 대상이 되며, 때로는 그 비난을 의식해 발언을 철회하기도 합니다. 반면, 기득권층 내부에서 제기되는 외교 접근에 관한 논의는 그러한 비난을 거의 받지 않습니다. 예를 들어, 미국의 주요 시사 저널 《포린 어페어스Foreign Affairs》에서 나온 외교 관련 주장은 비교적 비판 없이 받아들여지는 경향이 있죠.

이러한 분위기는 점점 더 파괴적으로 변하고 더욱 불길한 결과를 초래할 가능성이 높은 전쟁에 대한 우려가 바이든 행정부의 외교 정책을 주도하는 신보수주의 전쟁 매파들에게도 서서히 전달되고 있음을 시사하는 것일 수 있습니다. 최근 그들의 일부 발언은 그러한 변화를 반영하는 것으로 보입니다. 아마도 그들 역시 다른 목소리들에도 귀를 기울이기 시작한 것일 수 있습니다. 미국의 에너지 및 군수 기업들이 큰 이익을 얻고 있는 반면, 유럽은 러시아산 에너지 공급 중단과 미국 주도의 제재 조치로 인해 심각한 경제적 타격을 받고 있습니다. 특히 유럽 경제의 중추인 독일 산업이 그 영향을 강하게 받고 있죠.

이제 남은 질문은 유럽 지도자들이 자국의 경제적 쇠퇴와 미국에 대한 종속 심화를 감내할 준비가 되어 있는지, 그리고 그들의 국민들이 미국의 요구에 따른 이 같은 결과를 얼마나 용인할 수 있을지입니다. 유럽 경제에 가장 극적인 타격을 준 것은 저렴한 러시아산 가스를 더 이상 수입할 수 없게 된 점입니다. 이 공급 중단은 현재 부분적으로 훨씬 더 비싼 미국산 가스로 대체되고 있으며, 그 과정에서 운송 및 분배 과정에서의 환경 오염도 심각하게 증가하고 있습니다. 그러나 문제는 그뿐만이 아닙니다. 러시아산 광물 공급은 유럽 산업 경제에 필수적인 역할을 합니다. 특히 재생 가능 에너지로의 전환을 위해서도요.

발트해를 통해 러시아와 독일을 연결하는 노르트스트림Nord Stream 파이프라인이 파괴되면서 러시아산 가스를 유럽에 공급하는 전략적 방향은 심각하게 훼손되었으며, 그 영향은 사실상 영구적일 가능성도 있습니다. 이는 유럽과 러시아 양측 모두에 큰 타격입니다. 하지만 미국은 오랫동안 이 파이프라인 프로젝트에 반대해 왔기에 이번 사태를 적극적으로 환영하는 분위기였습니다. 앤터니 블링컨 미 국무장관은 이번 파괴를 두고 '유럽이 러시아 에너지에 대한 의존을 단번에 끊을 수 있는 계기이며, 블라디미르 푸틴이 제국주의적 야망을 실현하는 데 에너지를 무기로 활용하는 것을 영구적으로 차단하는 엄청난 기회'라고 평가했습니다.

미국이 노르트스트림 파이프라인을 방해하려 한 것은 지금의 우크라이나 위기와 푸틴의 장기적인 제국주의적 구상에 대해 열띤 논의를 하기 훨씬 이전부터 시작되었습니다. 그 시기는 조지 W. 부시 대통령이 푸틴의 눈을 들여다보고 그의 영혼이 선하다고 느꼈다던 바로 그 시절까지 거슬러 올라갑니다. 바이든 대통령은 러시아가 우크라이나를 침공할 경우, "노르트스트림 2는 더 이상 존재하지 않을 것이며, 우리가 그것을 끝낼 것이다."라고 독일에 분명하게 경고한 바 있습니다. 그러나 최근 몇 달 사이 가장 중요한 사건 중 하나였던 이 파이프라인 파괴 행위는 놀랍도록 빠르게 잊혀졌습니다. 독일, 덴마크, 스웨덴은 인근 해역에서 발생한 이 파괴 행위에 대해 조사를 진행했지만, 그 결과에 대해서는 침묵을 지키고 있죠.

이 파이프라인을 파괴할 능력과 동기를 가진 국가가 분명히 있습니다. 하지만 그 나라의 이름을 이 공손하고 조심스러운 국제 사회에서 감히 언급하기는 어렵겠죠. 여기까지만 말하겠습니다.

주류 언론이 요구하는 외교적 노력의 여지가 아직 남아 있을까요? 그에 대해 확실하게 말하긴 어렵습니다. 분쟁이 격화되면서 외교적 선택지는 점점 좁아지고 있기 때문입니다. 하지만 최소한 미국이 '러시아를 약화시키기 위해 전쟁을 지속한다'는 기존 입장을 철회한다면, 외교의 문을 다시 열 수 있는 기회는 존재합니다. 좀 더 단호한 입장은 앞서 언급한 주류 담론에서 나타나는 시각입니다. 즉, 우크라이나뿐 아니라 그 너머로 상황이 더 악화되기 전에 지금이야말로 외교적 선택지를 적극적으로 모색해야 한다는 것입니다.

C. J. 폴리크로니우

▥ 우크라이나 관리들은 2014년 모스크바가 불법적으로 합병한 크림반도를 되찾기 위한 전략이 있다고 주장합니다. 이와 유사한 주장은 러시아가 우크라이나를 침공하기 이전에도 반복적으로 제기된 바 있죠. 물론 어떤 군사 전략가도 우크라이나가 현재 크림반도를 실질적으로 탈환할 수 있는 위치에 있다고 보지는 않습니다.

그렇다면 이것이야말로 러시아-우크라이나 전쟁이 여전히 끝이 보이지 않는다는 또 다른 증거가 아닐까요? 이것이 우크라이나가 요청하는 장거리 지대지 미사일 ATACMS를 제공해서는 안 되는 또 다른 이유가 아닐까요?

─ 노엄 촘스키

|||| 바이든 정부와 국방부는 우크라이나에 대한 대규모 무기 지원이 나토와 러시아 간의 직접적인 충돌로 비화되지 않도록 신중한 접근을 취해 왔습니다. 이는 전 세계적 재앙을 초래할 수 있는 전면전을 방지하기 위함이죠. 그러나 이처럼 복잡한 상황이 앞으로도 계속 통제 가능한 수준으로 유지될 수 있을지는 여전히 불확실합니다. 따라서 우리는 이 비극적인 전쟁을 최대한 조속히 종식시키기 위한 외교적 노력을 더욱 강화해야 합니다.

C. J. 폴리크로니우

|||| 중국은 우크라이나 전쟁에서 러시아가 핵무기를 사용할지 모르는 위협에 대해 경고했습니다. 이러한 입장은 중국이 푸틴의 우크라이나 군사 작전과 일정한 거리를 두려는 신호로 해석될 수 있을까요? 어느 경우든 중국과 러시아 간의 우정에도 한계가 있다는 점을 보여 주는 것 아닐까요?

── **노엄 촘스키**

▥ 제가 아는 한 중국이 러시아와 거리를 두고 있다는 뚜렷한 증거는 없습니다. 오히려 양국의 관계는 앞서 언급했듯이 미국 주도의 단극 체제에 공동으로 반대한다는 점에서 더 가까워지고 있는 것처럼 보입니다. 이는 사실 대부분의 국가가 공유하는 감정이죠. 물론 중국은 분명히 핵무기 사용에 반대합니다. 조금이라도 이성이 있는 사람이라면 누구라도 반대할 것입니다. 그리고 대부분의 국가처럼 중국도 이 전쟁의 빠른 해결을 바라고 있습니다. 다만 핵무기 사용에 대한 담론은 주로 서구권에서 주도되어 왔습니다.

러시아는 다른 핵보유국들과 마찬가지로 국가 존립이 위협받는 상황에서는 핵무기 사용 가능성을 배제하지 않겠다는 기존 입장을 고수하고 있습니다. 이러한 입장은 푸틴이 우크라이나 영토 일부를 강제 편입시키면서 더욱 위험해졌죠. 핵무기 사용 원칙이 보편적이라는 생각을 확장했기 때문입니다.

그런데 미국은 훨씬 더 극단적인 입장을 취하고 있습니다. 이는 우크라이나 전쟁이 시작되기 전부터 이미 확립된 정책입니다. 실제로 최근 발표된 미국의 새로운 핵 전략은 그 방향을 명확히 보여 주며, 군비통제협회는 이를 '핵무기의 본래 임무인 미국 존재에 대한 위협 억제를 넘어 그 범위를 상당히 확장한 것'이라고 평가합니다.

미국 전략사령부 사령관 찰스 리처드Charles Richard 제독은 이 확장된 핵 전략의 핵심 개념을 좀 더 분명하게 설명했습니다. 새롭게 발표된 〈핵태세검토보고서Nuclear Posture Review〉에서 그는 이렇게 말했습니다.

"핵무기는 미국이 전략적으로 재래식 군사력을 투사할 수 있는 기동 공간을 확보하게 해 준다. 다시 말해, 핵을 통한 억제력은 전 세계 곳곳에서 미국이 재래식 군사 작전을 수행할 수 있도록 보호막 역할을 하며, 다른 국가들이 이러한 작전에 개입하지 못하도록 억제하는 수단이 된다."

그는 이어 핵무기가 모든 국가에 대해 미국의 군사 개입에 간섭하지 못하도록 지속적으로 억제하는 수단으로 작용한다고 덧붙였습니다. 이에 대해 미국 '참여 과학자 모임'의 워싱턴 수석 대표 스티븐 영Stephen Young은 새로 발표된 〈핵태세검토보고서〉를 '충격적인 보고서'라고 표현하며 다음과 같이 강하게 비판했습니다.

"이 문서는 전 세계를 점차 더 큰 핵 위협에 노출시킬 뿐 아니라 여러 측면에서 그 위험을 오히려 더욱 심화시키고 있습니다. 현재 상황만으로도 이미 감당하기 어려울 정도로 위험한데 말입니다."

언론은 이번 〈핵태세검토보고서〉에 대해 거의 보도하지 않았으며, 간간이 언급한 내용도 대개 '크게 달라진 게 없다'는 식이었죠. 그런데 흥미롭게도 그 말이 맞긴 합니다. 다만 그 이유를 정확히 알고 한 말은 아닙니다. 사령관 리처드가 설명해 줄 수도 있겠지만, 사실 미국의 핵 정책은 1995년부터 이미 그렇게 설정되어 있었습니다. 그해 발표된 전략사령부 문서 '냉전 이후 억제의 필수 요소'에 따르면, 클린턴 행정부 시절부터 핵무기는 단순한 억제 수단이 아니라 '늘 사용 가능한 상태'여야 한다고 규정되어 있었죠. 이유가 뭘까요? 핵이 존재하는 것만으로도 재래식 전력 사용에 '그림자'를 드리울 수 있기 때문입니다. 즉, 미국이 군사 작전을 벌일 때 다른 국가들의 개입을 억제하는 효과를 지니기 때문입니다.

이와 관련해 다니엘 엘스버그는 "강도가 총을 쏜다는 건 꼭 방아쇠를 당긴다는 의미만은 아니다."라고 말한 바 있습니다. 핵무기도 마찬가지입니다. 실제로 방아쇠를 당기지 않았다고 해서 그것이 '사용되지 않았다'고 단정할 수는 없는 겁니다.

1995년 미국 전략사령부 문서는 미국이 '비이성적이고 복수심을 품은' 국가적 이미지를 연출해야 하며, 일부 요소는 '통제

불가능한' 상태로 보여야 한다고 주장했습니다. 그래야 미국의 행동을 억제하거나 방해하려는 세력들이 두려움을 느끼고 주저하게 된다는 논리입니다. 이 모든 것은 '클린턴 독트린'의 틀 안에 있습니다. 미국이 에너지 공급 및 전략적 자원이라는 핵심시장에 방해받지 않고 접근하는 것을 보장하기 위해 다자간으로 군사력을 사용할 준비가 되어 있어야 하며, 만약 필요하다면 단독으로 군사력을 행사할 준비가 되어 있어야 한다고 규정하고 있습니다.

결국 이른바 '새로운 독트린'이라는 것도 실상은 전혀 새롭지 않습니다. 다만 대부분의 미국인은 이 사실을 알지 못합니다. 그것이 꼭 검열 때문은 아닙니다. 관련 문서들은 수십 년 전부터 공개되어 있었고 비판적인 학자들이 저술한 책들에서도 꾸준히 인용되어 왔습니다. 문제는 그러한 자료들이 주류 담론의 바깥에 머물러 있다는 점입니다.

우리는 핵전쟁이 하나의 '가능성'으로 가볍게 언급되는 현실에 깊이 우려해야 합니다. 그것은 단순히 일어날 수도 있다는 정도의 문제가 아닙니다. 훨씬 더 본질적이고 위중한 사안입니다.

· 노엄 촘스키 ·

우크라이나, 평화로 가는 길은 아직 닫히지 않았다

2022년 8월 24일

C. J. 폴리크로니우

▮▮▮▮ 러시아의 우크라이나 침공이 시작된 지 6개월이 지났지만 전쟁은 여전히 끝날 기미를 보이지 않습니다. 푸틴의 전략은 결과적으로 큰 역풍을 맞았죠. 키이우 점령에 실패했을 뿐 아니라 서방 동맹을 오히려 결속시키는 계기를 제공했습니다. 핀란드와 스웨덴은 오랜 중립 정책을 접고 나토 가입을 선택했고요. 이 전쟁은 대규모 인도주의적 위기를 불러왔으며, 에너지 가격을 폭등시키고 러시아를 국제 사회에서 고립된 존재로 만들었습니다.

노엄, 당신은 침공 첫날부터 이를 '범죄적 침략 행위'라고 명확히 규정했고, 미국의 이라크 침공이나 히틀러-스탈린의 폴란드 침공에 비견하시기도 했죠. 물론 러시아가 나토의 동진에 위협을 느꼈다는 점도 함께 언급하셨고요. 지금도 같은 견해를 유지하고 계실 것 같은데, 만약 푸틴이 이 군사적 모험이 장기전으로 이어질 것을 미리 알았다면 과연 침공을 다시 생각해 보았을까 궁금해집니다.

── **노엄 촘스키**

제 생각에 러시아 정보기관도 미국 정부가 공식적으로 전망했던 바, 즉 키이우를 손쉽게 장악하고 친러 정권을 세울 수 있으리라는 기대에 동조했을 가능성이 높습니다. 하지만 결과는 처참한 실패로 끝났죠. 만약 푸틴이 우크라이나의 저항 의지와 능력, 그리고 러시아군의 무능함에 대해 좀 더 정확한 정보를 갖고 있었다면, 그의 전략은 지금과는 전혀 달랐을지도 모릅니다. 어쩌면 많은 전문가가 예상했던, 이른바 '플랜 B' 즉 크림반도와 러시아 본토를 연결하는 육로 확보와 돈바스 지역의 장악에 초점을 맞췄을 수도 있겠죠. 또한 푸틴이 좀 더 나은 판단을 할 수 있었더라면 마크롱 대통령이 제안했던 초기 외교 협상에 좀 더 성실히 응했을지도 모릅니다. 그렇게 했다면 드골이나 고르바초프가 구상했던 유럽-러시아 협력 체제로 나아가는 길이 열렸을 가능성도 있었습니다.

그러나 현실은 달랐습니다. 푸틴은 외교적 제안을 냉소적으로 거부했고, 그 결과는 자국에게도 엄청난 대가로 돌아왔습니다. 그는 결국 대규모 학살과 침략 전쟁을 선택했고, 이는 미국의 이라크 침공이나 히틀러와 스탈린의 폴란드 침공과 나란히 비교될 만한 수준의 범죄였습니다.

나토의 동쪽 확장은 고르바초프에게 했던 명확하고 확고한 약속을 위반한 것이며, 이로 인해 러시아가 위협을 느꼈다는 점은 지난 30년간 러시아를 잘 아는 거의 모든 미국 고위 외교관들이 반복해서 강조해 온 사실입니다. 이는 푸틴 이전부터도 존재했던 인식이죠.

대표적인 사례로 2008년, 조지 W. 부시(부시 2세)가 우크라이나를 나토에 가입시키려는 무모한 결정을 내렸을 당시 주러시아 미국 대사였던 현 CIA 국장 윌리엄 번스는 "우크라이나의 나토 가입은 러시아 엘리트(푸틴만이 아닌)에게 있어 가장 분명한 레드라인, 즉 넘어서는 안 될 마지막 선이다."라고 경고했습니다. 그는 또 "나는 우크라이나가 나토에 가입하는 것을 러시아의 국익에 대한 직접적인 도전으로 보지 않는 러시아인을 단 한 명도 만나본 적이 없다."라고 덧붙였죠.

더 일반적으로 보자면 번스는 나토의 동유럽 확장을 '최선의 경우는 시기상조이며, 최악의 경우 불필요하게 도발적인 일'이라고 평가했습니다. 특히 그 확장이 우크라이나에까지 이른다면, '푸틴이 강하게 맞설 것이라는 데에는 의심의 여지가 없다'고 강하게 경고했습니다.

번스의 발언은 사실 1990년대 초부터 미국 정부 고위층 사이에서 널리 공유되었던 인식을 되풀이한 것에 지나지 않습니다. 부시 행정부에서 국방장관을 지낸 로버트 게이츠조차도 "조지아와 우크라이나를 나토에 가입시키려 한 것은 명백한 무리수였으며, 러시아가 자국의 중대한 국가 이익으로 간주하던 사안을 무모하게 무시한 행위였다."라고 인정했죠.

정보에 정통한 정부 관계자들의 경고는 강력하고 명확했습니다. 그러나 클린턴 행정부 이후 지금까지 워싱턴은 이를 외면해 왔습니다. 이 같은 결론은 최근 《워싱턴 포스트》가 침공 배경에 대해 포괄적으로 연구한 내용에서도 확인됩니다. 이를 검토한 조지 비비 George Beebe와 아나톨 리븐 Anatol Lieven은 다음과 같이 지적합니다.

> "바이든 행정부가 전쟁 자체를 막으려 한 노력은 매우 부족했다는 인상을 준다. 세르게이 라브로프 외무장관은 침공 전 몇 주 동안 러시아의 입장을 밝혔다. '우리에게 가장 중요한 것은 나토가 동쪽으로 확장하지 않겠다는 확실한 보장이다.' 그러나 《워싱턴 포스트》의 기사 어디에도 백악관이 우크라이나의 나토 가입 문제와 관련해

구체적인 타협안을 제시했다는 흔적은 찾을 수 없다."

실제로 미 국무부도 인정했듯이 미국은 블라디미르 푸틴이 반복적으로 강조한 핵심 안보 우려, 즉 우크라이나의 나토 가입 가능성에 대해 아무런 실질적 대응도 하지 않았던 것입니다.

요약하자면 미국과 나토의 도발은 전쟁 직전까지 멈추지 않았습니다. 그들은 단순히 협상을 방해하는 데 그치지 않고, 우크라이나를 나토의 군사 지휘 체계에 통합하려는 계획을 더욱 확대해 나갔죠. 미국 군사 전문 저널들의 표현을 빌리자면, 우크라이나는 사실상 나토 회원국처럼 만들어지고 있었습니다.

이처럼 명백한 도발의 정황이 존재함에도 오히려 러시아의 공격을 반드시 '도발되지 않은' 것으로 불러야 한다는 암묵적인 규범이 자리 잡고 있는 듯합니다. 일반적으로는 거의 사용되지 않는 이 표현이 이 경우에는 '예의 바른 사회'에서 꼭 사용해야 하는 말처럼 여겨지죠. 아마 심리학자라면 이런 기묘한 언어적 행태를 훨씬 더 명쾌하게 설명할 수 있었을 겁니다.

그러한 도발은 수년에 걸쳐 일관적이고 의도적으로 계속되었습니다. 수많은 경고가 있었음에도 말이죠. 그러나 그렇다고 해서 블라디미르 푸틴이 감행한 '최고 수준의 국제범죄'인 침략 행위가 정당화될 수는 없습니다. 도발이 있었다는 사실은 그 범죄를 일정 부분 '설명'할 수는 있을지 모르지만 결코 '정당화'할 수는 없습니다.

러시아가 '버림받은 국가'로 전락하고 있다는 점에 대해서는 약간의 보완 설명이 필요합니다. 냉전 시대를 경험한 이들이 보아도 놀라울 정도로 러시아는 현재 유럽과 영어권 국가들 사이에서 분명한 고립 상태로 치닫고 있습니다. 미국 정보기관에서 오랫동안 핵심적인 역할을 해 온 그레이엄 풀러는 최근 이를 두고 이렇게 말했습니다.

"나는 평생 이런 수준의 전방위적인 미국 언론의 공세를 본 적이 없습니다. 오늘날 우리가 우크라이나 전쟁과 관련해 목격하는 현상은 실로 전례 없는 일입니다. 미국은 단순히 자국의 시각에서 사건을 해석하는 데 그치지 않습니다. 러시아라는 국가 전체, 그 사회와 문화 전반을 대상으로 전면적인 악마화를 벌이고 있습니다. 이 정도로 편향된 태도는 매우 이례적입니다. 제가 냉전 시절 러시아 관련 업무를 담당했을 때조차 이런 현상은 본 적이 없었습니다."

서방이 계속해서 이번 전쟁이 '도발 없이 일어난 침공'이라고 강조하는 것을 보면, 어쩌면 그들 스스로도 내심 일정 부분 책임이 있다는 죄책감을 느끼고 있다는 점을 숨기지 못하는 것처럼 보입니다. 미국과 그보다는 정도가 약하지만 가까운 동맹국들 역시 러시아에 강경한 입장을 취하고 있습니다. 그러나 세계의 대다수 국가는 여전히 일정한 거리를 유지하고 있으며, 침략을 비난하면서도 러시아와의 정상적인 외교 관계를 지속하고 있습니다. 이는 과거 미국과 영국이 아무런 도발 없이 이라크를 침공했을 때, 서방 국가들이 이를 비판하면서도 침략국들과 외교 관계를 끊지 않았던 것과 유사합니다.

이와 더불어 폭력과 정권 전복의 세계 챔피언이라 할 수 있는 이들 국가가 인권, 민주주의, 그리고 '국경의 신성함'에 대해 내놓는 경건한 선언들은 적잖은 냉소와 조롱의 대상이 되곤 합니다. 남반구 개발도상국들은 풍부한 경험을 통해 잘 알고 있는 문제들입니다.

C. J. 폴리크로니우

▌ 러시아는 미국이 우크라이나 전쟁에 사실상 직접 개입하고 있다고 주장합니다. 그렇다면 미국은 우크라이나에서 '대리전'을 벌이고 있는 것이라고 볼 수 있을까요?

— **노엄 촘스키**

▌ 미국이 이 전쟁에 깊숙이 개입하고 있으며, 그것도 자랑스

럽게 그렇게 하고 있다는 사실은 의심의 여지가 없습니다. 미국이 '대리전'을 벌이고 있다는 인식은 유럽과 영어권 국가들을 제외한 바깥에서는 널리 퍼져 있죠. 왜 그런 인식이 생겼는지는 어렵지 않게 이해할 수 있습니다. 미국의 공식 정책은 전쟁이 계속되어야 하며, 러시아가 다시는 침략을 시도하지 못할 만큼 약화되어야 한다는 것입니다.

이 정책은 '민주주의, 자유, 그리고 모든 선의 가치'를 수호하려는 고귀한 사명과 '전 세계 정복을 꾀하는 궁극적 악' 사이의 우주적 대결이라는 고상한 선언으로 정당화됩니다. 물론 이런 과장된 서사는 새로운 게 아닙니다. 냉전 시기의 핵심 문서인 NSC 68에서도 이러한 논조는 희극적인 수준에 이르렀습니다. 이후에도 유사한 수사는 반복되어 왔죠.

말 그대로 해석하면, 미국의 공식 정책은 러시아에 대해 1919년 베르사유 조약 당시 독일이 받았던 것보다 더 가혹한 처벌을 가해야 한다는 뜻이 됩니다. 당연히 이러한 명시적인 정책은 러시아가 위협으로 인식할 수밖에 없고 그에 따른 반응 역시 충분히 예측 가능한 일이죠.

미국이 대리전을 수행하고 있다는 평가는 서방의 일반 담론에서 점점 더 힘을 얻고 있습니다. 반면, 러시아의 침략에 어떻게 더 효과적으로 대응할 것인가에 대한 논의는 활발히 이어지지만, 이 끔찍한 전쟁이 우크라이나를 넘어 초래하고 있는 광범위한 참상을 어떻게 종식시킬 것인가에 대해서는 거의 언급조차 없습니다. 그 질문을 감히 던지는 이들은 종종 격렬한 비난의 대상이 되며, 헨리 키신저Henry Kissinger와 같은 존경받는 인물조차도 예외는 아닙니다.

그런데도 흥미로운 점은 외교적 해결을 촉구하는 주장이 주류 기성 언론에 실릴 경우, 평소처럼 마녀사냥식의 공격을 받지는 않는다는 사실입니다. 어떤 용어를 쓰든 미국의 정책과 전략적 기조에 대한 핵심 사실은 매우 명확합니다. 개인적으로는 '대리전'이라는 표현이 타당하다고 보지만, 진정으로 중요한 것은 미국의 정책 방향과 실행 계획 그 자체입니다.

C. J. 폴리크로니우

▓▓▓ 예상했던 대로 이번 침공은 모든 관련 당사국 사이에서 장기적인 선전전으로 이어졌습니다. 이와 관련해 최근 러시아 정부지원 24시간 국제뉴스 채널인 〈러시아 투데이RT〉와 같은 러시아 매체들이 차단되면서 지금의 미국 시민들이 1970년대 소련 시민들보다 '적국의 공식 입장'에 접근하기 더 어렵다고 말씀하셨죠. 특히 당신이 우크라이나 전쟁과 관련한 미국 내 검열에 대해 언급한 내용이 완전히 왜곡되어 독자들이 당신이 지금의 미국 검열이 공산주의 시절 러시아보다 심하다고 말한 것처럼 오해하게 된 상황을 고려할 때, 이

부분을 좀 더 자세히 설명해 주실 수 있을까요?

─── 노엄 촘스키

▮▮▮▮▮ 러시아의 경우, 국내 선전은 매우 심각한 수준에 이르렀습니다. 한편 미국에서는 공식적인 금지 조치는 드물지만, 그레이엄 풀러가 지적한 바를 간과해서는 안 됩니다. 사실 미국이나 다른 서구 사회에서는 문자 그대로의 '검열'이 자행되는 경우는 많지 않았습니다. 그러나 조지 오웰George Orwell이 1945년 『동물농장』 미출간 서문에서 지적했듯이 자유 사회의 섬뜩한 진실은 대부분의 검열이 자발적으로 이루어진다는 데 있습니다. 인기 없는 견해는 조용히 묻히고, 불편한 사실은 법적 금지 없이도 자연스럽게 사라질 수 있습니다. 이러한 방식은 때로 노골적인 폭력보다 훨씬 효과적인 사고 통제 수단이 되기도 합니다.

오웰이 언급한 사례는 비록 영국을 배경으로 한 것이지만, 이러한 관행은 훨씬 더 광범위하게 퍼져 있었습니다. 그 사실만으로도 오늘날의 상황을 어느 정도 가늠할 수 있습니다. 예를 들어, 최근의 한 사례로 중동 문제 전문가인 알랭 그레시는 이스라엘이 점령 중인 가자 지구에서 저지른 최근 테러 행위들을 비판했다는 이유로 프랑스 TV에서 검열을 당했습니다. 그레시는 "이런 식의 노골적인 검열은 드문 일이다. 팔레스타인 문제에서는 이렇게까지 대놓고 검열하는 경우는 흔치 않다."
라고 말했습니다. 대신 훨씬 더 효과적인 방식은 출연자나 해설자를 고르는 방식으로 여론을 조정하는 것입니다. 방송에 등장하는 인물들은 대개 "폭력은 유감스럽지만, 이스라엘 역시 자위권을 갖고 있습니다. 양측 모두 극단주의 세력을 경계해야 합니다."라고 말합니다. 이런 발언은 받아들여지지만 이스라엘의 점령 정책이나 인종차별적 행태를 정면으로 비판하는 인물에게는 방송 출연의 기회조차 주어지지 않는다고 그는 지적합니다.

미국의 경우, 대중에게 비인기적인 견해는 조용히 묻히고, 불편한 사실은 은근히 가려지는 방식이 매우 정교하게 발전해 왔습니다. 겉보기에는 표현의 자유가 보장된 사회처럼 보이지만, 바로 그렇기 때문에 오히려 더욱 교묘한 통제가 가능해지는 셈입니다. 이러한 실태를 세밀하게 추적·기록한 자료는 이미 수천 페이지에 달하며, 미국의 '페어FAIR'나 영국의 '미디어 렌즈Media Lens'와 같은 언론 비평 단체들이 지금도 계속해서 그 실태를 밝히고 있습니다.

서구 사회에서 사용되는 세뇌 방식이 전체주의 국가의 조잡하고 투명한 수단보다 더 정교하고 효과적이라는 논의는 언론에서도 자주 언급됩니다. 자유 사회에서 주로 사용되는 방식은 명확한 주장이나 강요가 아니라 특정한 전제를 깔고 은근히 메시지를 주입하는 식입니다. 그레시가 지적한 사례는 바로 이러한 방식을 잘 보여 줍니다.

이러한 사회에서는 규칙이 명시적으로 존재하지 않지만, 암묵적인 전제들이 작동합니다. 겉으로는 토론이 허용되고 심지어 장려되기도 하지만 그 논의는 표현되지 않은 엄격한 경계 안에서만 이루어집니다. 그리고 이 경계는 외부에서 강요되는 것이 아니라 개인 스스로 내면화합니다.

조지 오웰이 지적했듯이 이런 미묘한 형태의 세뇌를 받은 사람들 예컨대, '좋은 교육'을 받은 이들은 스스로 "이건 말해서는 안 돼!"라는 판단을 내리게 됩니다. 더 나아가 그런 생각 자체를 아예 하지 않게 되는 것입니다.

세뇌는 꼭 의식적으로 이루어질 필요는 없습니다. 이를 수행하는 사람들조차 이미 특정한 주제에 대해 '말하거나 생각해서는 안 된다'는 암묵적인 이해를 내면화하고 있기 때문입니다.

이러한 방식은 특히 미국처럼 문화적으로 폐쇄된 사회에서 더욱 효과적입니다. 사람들은 외국, 특히 적대시되는 국가의 정보를 스스로 찾아보는 경우가 거의 없고, 표면적으로는 표현의 자유가 무한히 보장되어 있는 것처럼 보이기 때문에 애초에 기존의 틀을 벗어나려는 동기 자체가 생기지 않기 때문입니다.

러시아 매체인 〈러시아 투데이RT〉와 같은 정보원이 차단된 사례도 바로 이러한 맥락에서였습니다. 그레시의 지적처럼 이처럼 직접적이고 노골적인 금지는 오히려 드문 경우에 속합니다. 당시 인터뷰에서는 시간상 자세히 말할 수 없었지만, 이와 관련해 예전에 제가 쓴 한 흥미로운 글이 떠올랐는데요. 그 글에서는 자유 사회에서 불편한 진실이나 대중에게 비호감인 사상들이 어떻게 조용히 사라지는지를 여러 사례를 통해 다뤘습니다. 그중 특히 흥미로웠던 것은 1970년대 후반, 즉 고르바초프 이전의 소련 시절에 러시아 사람들이 주로 어디서 뉴스를 접하고 있었는지를 분석한 연구였습니다. 결과는 다소 놀라웠습니다. 정부의 강력한 검열 체제하에서도 많은 러시아인이 BBC와 같은 외국 방송이나 지하 출판물 《사미즈다트》 등을 통해 다양한 정보를 접하고 있었던 것입니다. 어쩌면 그 시기의 러시아 시민들이 미국 시민들보다 세계 정세에 대해 더 잘 알고 있었을 수도 있습니다.

당시 저는 러시아 출신 이민자들에게 직접 이야기를 들어본 적이 있습니다. 그들에 따르면 정부의 감시는 분명 존재했지만, 검열은 그리 효과적으로 작동하지 않았다고 합니다. 실제로 자신들 역시 다양한 방식으로 정보를 우회해 입수했던 경험이 있다고 말했죠. 전반적으로 그들 역시 해당 조사 결과에 공감했지만, 보고된 수치는 다소 과장되었을 가능성이 있다고 지적했습니다. 조사 대상이 정보 접근이 상대적으로 용이한 모스크바나 레닌그라드 같은 대도시에 편중되어 있었을 수 있기 때문입니다. 적대국의 출판물을 직접적으로 금지하는 것은 정당하지 않을 뿐 아니라 해롭기까지 합니다.

예를 들어, 만약 미국 시민들이 러시아의 침공 직전, 러시아 외무장관이 '핵심은 나토가 우크라이나를 포함해 더 이상 동쪽으로 확장하지 않겠다는 보장을 받는 것'이라고 강조한 사실을 알고 있었다면, 참혹한 전쟁을 막고 사태를 더 나은 방향으로 이끌 수 있는 단초가 되었을지도 모릅니다. 이 요구는 수십 년 동안 러시아가 일관되게 주장해 온 명확한 레드라인이었습니다. 만약 정말로 전쟁과 같은 참극을 피하고 더 나은 세계를 만들고자 하는 진지한 의지가 있었다면, 이 발언은 그런 방향으로 나아갈 수 있는 출발점이 될 수도 있었을 것입니다. 이와 같은 점은 침공이 이미 시작된 이후 러시아 정부가 발표한 성명에도 마찬가지로 적용됩니다. 예컨대, 5월 29일 라브로프Lavrov가 밝힌 발언이 그 한 예입니다.

"우리의 목표는 분명하다. 우크라이나를 비무장화하는 것(우크라이나 영토 내에서 러시아를 위협하는 무기가 존재해서는 안 된다), 우크라이나 헌법(키이우 정권은 반러시아 법안을 채택함으로써 이를 위반했다)과 우크라이나가 가입한 여러 협약에 따라 러시아계 국민들의 권리를 회복하는 것, 그리고 우크라이나를 탈나치화하는 것이다. 나치 및 신나치 이념과 실천은 우크라이나의 일상생활 깊숙이 스며들어 있으며, 이는 그 나라의 법률과 제도 전반에까지 반영돼 있다."

미국인들이 TV 리모컨만 켜도 이런 말을 들을 수 있다면 얼마나 유익할까요? 적어도 진심으로 이 끔찍한 전쟁을 끝내고 싶어 하는 사람들에게는 말이죠. 광포한 곰이 우리 모두를 집어삼키기 전에 반드시 가둬야 한다는 식의 종말론적 전쟁을 마치 점을 치듯 근거 없이 상상하는 건 도움이 안 됩니다.

C. J. 폴리크로니우

▮▮▮▮ 러시아와 우크라이나 간의 평화 협상은 초봄 이후 교착 상태에 빠져 있습니다. 러시아는 자신들의 조건에 따라 평화를 강요하려는 듯 보이고, 우크라이나는 전장에서 러시아가 불리한 국면에 처하기 전까지는 협상에 나설 수 없다는 입장을 밝힌 것으로 보입니다.

이 전쟁이 곧 끝날 수 있다고 보시나요? 전쟁을 끝내기 위한 협상은 평화 회담을 반대하는 사람들이 주장하듯이 '굴복'이라고 볼 수 있을까요?

── **노엄 촘스키**

▬ 협상이 실제로 교착 상태에 있는지는 아직 단정하기 어렵습니다. 보도되는 정보가 거의 없긴 하지만, '전쟁을 종식하기 위한 협상이 다시 논의되고 있다'는 이야기도 들려옵니다. 최근 우크라이나, 튀르키예, 유엔 간의 회동은 우크라이나가 러시아와의 대화에 점차 열린 태도를 보이기 시작했음을 시사하는 신호일 수도 있습니다. 또한 러시아가 전장에서 점점 더 유리한 위치를 점하며 더 많은 영토를 점령하고 있는 상황을 감안하면, 우크라이나가 그동안 유지해 온 '외교 협상은 불가하다'는 입장을 일부 완화했을 가능성도 있습니다. 만약 그렇다면 이제는 푸틴이 정말 협상 의지가 있는지를 보여 주어야 할 시점입니다. 그것이 진심인지 아니면 단순한 위장 전술이었는지를 말이죠.

현재의 상황은 여전히 불투명하고 혼란스럽습니다. 이는 과거 미국이 아프가니스탄에서 소련과 벌였던 '대리전쟁'을 연상케 합니다. 그 당시 상황을 정리한 코도베즈와 해리슨의 연구에 따르면, 미국은 '아프간의 마지막 병사까지 싸우게 만든' 전형적인 대리전을 펼쳤고, 그 과정에서도 유엔은 미국의 외교적 방해를 돌파해 결국 소련의 철수를 이끌어 냈습니다.

이 시기 지미 카터 대통령의 국가안보보좌관이었던 즈비그뉴 브레진스키는 자신이 소련의 아프간 침공을 유도했다고 자랑스럽게 말했으며, 그로 인해 격앙된 이슬람교도들이 등장했더라도 그 정도 대가는 충분히 감수할 만한 것이라는 태도를 보였습니다.

오늘날 우리는 이와 비슷한 상황을 목격하고 있는 것일까요? 어쩌면 그럴지도 모르죠. 러시아가 자신들의 조건에 따라 평화를 강요하려 한다는 점은 의심의 여지가 없습니다. 하지만 외교적 협상이라는 것은 서로가 일부 요구를 포기하면서 받아들일 수 있는 타협점을 찾는 것이잖아요. 러시아가 진심으로 협상에 응할 의지가 있는지 알아보는 유일한 방법은 실제로 시도해 보는 겁니다. 시도한다고 해서 잃을 것은 없습니다.

전장의 전망에 대해서는 군사 전문가들 사이에서 자신감 넘치는 주장도 있지만 서로 정반대되는 주장들도 나오고 있습니다. 저는 그런 전문적인 자격이 있는 사람은 아니지만, 지금의 상황을 보면 '전쟁의 안개'가 아직 걷히지 않았다는 점은 분명해 보입니다.

미국의 입장은 최소한 작년 4월, 독일 람슈타인 공군기지에서 미군 주도로 열린 나토 및 주요 군사 지도자 회의에서 명확하게 드러났습니다. 당시 미국은 "우크라이나는 분명히 승리할 수 있다고 믿고 있으며, 이 자리에 있는 모든 사람도 그렇게 믿고 있다."라고 선언했습니다. 그 말이 당시 진심이었는지, 지금도 여전히 그렇게 믿고 있는지는 저로선 알 수 없습니다. 그리고 알아낼 방법도 없습니다.

어디까지나 제 개인적인 의견입니다만, 저는 람슈타인 회의 다음 날 발표된 제러미 코빈Jeremy Corbyn의 발언에 깊이 공감합니다. 그는 이 발언으로 인해 사실상 노동당으로부터 축출되었지요. 당시 그가 밝힌 입장은 다음과 같습니다.

"우크라이나에서는 즉각적인 휴전이 이뤄져야 하며, 그 다음으로는 러시아군의 철수와 양국 간 향후 안보 체계에 대한 합의가 뒤따라야 한다. 모든 전쟁은 결국 어떤 형태로든 협상으로 끝난다. 그렇다면 왜 지금은 안 되는가?"

* 노엄 촘스키 *

새로운 국면에 접어든 우크라이나 전쟁

2022년 9월 22일

C. J. 폴리크로니우

▥ 노엄, 7개월간 이어진 전쟁 끝에 러시아와 우크라이나는 모두 쉽게 빠져나오기 어려운 수렁에 빠진 듯 보입니다. 러시아는 막대한 손실을 입었고 최근 우크라이나의 반격으로 인해 북동부 지역의 수십 개 마을과 촌락이 탈환된 상황입니다. 그럼에도 불구하고 현재로서는 어느 쪽도 평화 협상을 적극적으로 추진하려는 기미가 보이지 않습니다.

이와 관련해 두 가지 질문을 드리고 싶습니다.

첫째, 러시아가 전장에서 이처럼 고전하게 된 것이 놀라운 일이라고 보시나요?

둘째, 최근 헝가리 총리실 장관이 "러시아는 여전히 키이우에 비해 압도적인 우위를 점하고 있으며, 원한다면 언제든지 전쟁의 승리를 선언할 수 있다."라고 말했는데, 이 발언에 동의하시는지요?

— **노엄 촘스키**

먼저 말씀드릴 점은 제가 군사 분야에 대해 특별한 전문성을 갖고 있는 것은 아니라는 사실입니다. 제가 알고 있는 내용은 거의 전적으로 서방 언론 보도를 통해 접한 것들입니다. 전반적으로 보면 러시아가 심각한 패배를 겪고 있다는 평가가 지배적입니다. 이는 러시아 군대의 전반적인 무능함과 더불어 미국이 우크라이나에 제공한 첨단 무기와 러시아군 배치에 대한 정밀한 정보 지원, 그리고 이에 기반한 우크라이나 군의 놀라운 전투 능력을 반영합니다. 이는 우크라이나 병사들의 용기뿐만 아니라 지난 10여 년간 이어져 온 미국의 지속적인 훈련, 조직화, 그리고 군수 지원의 성과이기도 합니다.

이와 같은 해석을 뒷받침하는 증거들은 충분하며 세부적인 부분을 제외하면 거의 예외 없이 널리 받아들여지고 있는 듯합니다. 다만 이렇게 복잡하고 불확실한 사안에 대해 이례적으로 의견이 일치할 경우, 오히려 어떤 중요한 요소가 생략되고 있을 가능성을 의심해 보는 것도 필요합니다.

주류 서방 매체 보도를 보면, 실제로 주목할 만한 보충 설명이 종종 발견되곤 합니다. 예를 들어, 영국의 〈로이터Reuters〉 통신은 한 '서방 관리'의 다음과 같은 평가를 인용 보도했습니다.

> "러시아의 철군에 대해 계속해서 논쟁이 이어지고 있지만, 엄밀한 군사적 관점에서 볼 때 이는 완전한 붕괴라기보다는 참모부에 의해 지시되고 승인된 계획된 철수였을 가능성이 높다. (…) 분명히 외견상으로는 매우 극적인 상황처럼 보인다. 광범위한 지역이 우크라이나에 넘어갔기 때문이다. 하지만 우리는 러시아가 전선을 단축하고 방어를 강화하기 위해 영토를 포기하는 등 몇 가지 전략적으로 적절한 결정을 내렸다는 점을 고려해야 한다."

러시아군의 패주 혹은 계획된 철수 과정에서 발생한 장비 손실에 대해서는 다양한 해석이 존재합니다. 이미 널리 알려진 설명을 반복할 필요는 없을 듯하고, 여기서는 좀 더 미묘한 분석을 하나 소개해 보려 합니다. 《워싱턴 포스트》 현장 기자들은 파편화된 단서들을 바탕으로 온라인 영상과 위성 이미지를 면밀히 분석한 결과 파괴되거나 버려진 군용 차량 일부가 군수 장비 집결지에 위치해 있었을 가능성이 있다고 보도했습니다.

이 영상을 분석한 미 육군 유럽 사령부 전 사령관 벤 호지스 중장은 대부분의 파괴가 러시아군이 연료를 보급하거나 임무 대기를 위해 머물렀던 집결지에서 발생했으며, 손실 규모는 전차 10~11대로 구성된 1개 전차 중대 수준이라고 평가했습니다.

전쟁터의 특성상 많은 불확실성이 존재하지만 이번 작전에서 우크라이나군과 그 배후를 지원하는 미국-나토 측이 의미 있는 승리를 거두었다는 점에 대해서는 큰 이견이 없습니다. 그렇기에 헝가리 총리 측에서 주장한 것처럼 푸틴이 단순히 '원할 때 승리를 선언할 수 있다'고 보기는 어렵습니다.

그렇다고 관련 논의가 전혀 없는 것은 아닙니다. 주요 권위지인 《포린 어페어즈Foreign Affairs》 최신호에 실린 한 기고문에서는 미국 정부와 긴밀한 관계를 맺고 있는 저명한 정책 분석가 피오나 힐Fiona Hill과 안젤라 스텐트Angela Stent는 다음과 같은 견해를 제시했습니다

> "여러 전직 미국 고위 관계자들의 증언에 따르면, 2022년 4월 러시아와 우크라이나 협상 대표는 잠정적인 합의안을 도출한 것으로 보인다. 해당 합의안의 조건은 러시아가 2월 24일 침공 이전의 위치로 철수하고, 그 대가로 우크라이나는 나토 가입을 추진하지 않는 대신, 여러 국가로부터 안전보장을 받는 것이다."

증거는 여전히 불확실하지만, 피오나 힐과 안젤라 스텐트는 이 협상 노력이 무산된 책임을 러시아에 돌리고 있습니다. 그러나 이들은 중요한 사실을 언급하지 않았습니다. 당시 영국 총리 보리스 존슨이 곧바로 키이우를 방문해 우크라이나 편에 선 서방 국가들이 이 외교적 합의를 지지하지 않을 것이라는 메시지를 전달했다는 점, 그리고 그 직후 미국 국방장관 로이드 오스틴 또한 우크라이나를 찾아, 미국의 공식 입장이 '러시아를 약화시키는 것'이라는 점을 분명히 하면서 이는 실질적으로 협상의 결렬을 재확인하는 조치였다는 사실입니다.

이러한 협상 노력이 앞으로도 지속될지는 불확실합니다. 그러나 만약 계속된다면 이는 글로벌 남반구뿐만 아니라 유럽에서도 폭넓은 대중적 지지를 얻게 될 것입니다. 예를 들어, 독일인의 77%는 서방이 우크라이나 전쟁을 종식시키기 위한 협상을 시작해야 한다고 생각하고 있으며, 슬로바키아에서는 과반수가 러시아의 승리를 지지한다는 보고도 있습니다.

만약 협상이 실패하거나 아예 협상의 가능성을 고려하지 않는다면 우리는 어떤 상황을 맞이하게 될까요? 대부분의 전문가는 전쟁이 장기화될 가능성이 높으며 그로 인해 엄청난 비극이 초래될 것이라는 데 의견을 같이하고 있습니다. 오스틴 미 국방장관과 미국의 다른 고위 당국자들은 우크라이나가 러시아군을 자국 전역, 즉 크림반도를 포함한 모든 영토에서 몰아낼 수 있다고 반복해 주장해 왔습니다.

　그렇다면 만약 그런 가능성이 현실화된다면 어떻게 될까요? 중요한 질문이 하나 떠오릅니다. 푸틴은 그 상황에서 조용히 물러나 가방을 싸게 될까요? 아니면 많은 이가 우려하듯이 우크라이나에 대한 공격을 더욱 강화하기 위해 기존에 보유한 무기들을 사용할까요? 미국은 푸틴이 물러날 가능성에 베팅하고 있는 듯 보입니다. 그러나 이 전략은 단지 우크라이나인들의 생명뿐 아니라 더 광범위한 인류적 위험을 담보로 한 도박이라는 사실을 모르는 사람은 없습니다.

　《뉴욕타임스》는 이에 대해 다음과 같이 보도했습니다.

"일부 미국 정부 관계자들은 푸틴 대통령이 아직까지 서방 관료들을 충격에 빠뜨릴 만한 방식으로 전쟁을 확대하지는 않았지만, 가장 위험한 순간은 아직 오지 않았다는 우려를 표명하고 있다. 지금까지 푸틴은 핵심 인프라나 우크라이나 정부 건물에 대한 타격을 제한적으로 시도했으며, 우크라이나 국경 밖에 있는 보급 거점을 공격하지도 않았다. 매주 우크라이나 목표에 대해 낮은 수준의 사이버 공격을 지시하긴 했지만, 이는 비교적 단순한 형태였으며, 바이든 대통령 취임 직전 발생한 '솔라윈즈SolarWinds' 해킹 사태와 같은 고도화된 러시아의 사이버 능

력에 비하면 그 위협 수준은 현저히 낮았다.''

이 보도는 또한 푸틴 대통령의 최근 경고도 인용하며 '우크라이나 반격 작전에 미국이 참여하는 등 상황이 이런 식으로 계속 악화된다면, 러시아의 대응은 더욱 강력해질 것'이라고 밝혔습니다. 이를 뒷받침하듯 그는 최근 러시아가 우크라이나의 기반 시설을 겨냥해 감행한 순항미사일 공격을 '경고 사격'이라고 규정했습니다.

우크라이나군은 이 경고의 의미를 분명히 인지하고 있는 듯합니다. 우크라이나군 총사령관 발레리 잘루즈니 대장은 러시아의 순항미사일이 우크라이나 전역을 반격 없이 타격할 수 있는 상황이며, 심지어 '제한적 핵전쟁의 가능성도 배제할 수 없다'고 공개적으로 경고한 바 있습니다.

우리 모두 알다시피 제한적 핵전쟁은 언제든 종결적 핵전쟁으로 비화될 수 있는 위험한 사다리 위에 놓여 있습니다. 간단히 말해 미국이 내세우고 있는 전략, 즉 전쟁을 계속 이어가 러시아를 심각하게 약화시키고 외교적 협상을 차단하겠다는 입장은 매우 놀라운 가정을 전제로 하고 있습니다. 그 가정은 푸틴이 패배를 눈앞에 두고도 그저 가방을 싸서 조용히 물러날 것이라는 것입니다.

하지만 푸틴은 자신이 할 수 있는 일들을 결코 미루지 않을 것입니다. 그는 자국이 이미 보유한 기존 무기를 활용해 우크라이나 전역에 대한 보복 공격을 가하고, 주요 인프라와 정부 시설을 파괴하며, 국경 밖 보급 기지까지도 타격할 수 있습니다. 아울러 더 정교한 사이버 공격도 감행할 수 있습니다. 이 모든 행위는 러시아의 현재 군사력 범주 내에서 충분히 가능한 시나리오이며, 미국 정부와 우크라이나 군 지휘부 모두 이 가능성을 인정하고 있습니다. 그리고 그 모든 시나리오 뒤에는 언제든 현실이 될 수 있는 핵 확전의 그림자가 배경처럼 드리워져 있다는 점을 우리는 결코 잊어서는 안 됩니다.

이 가정은 분명 깊이 숙고해 볼 만한 사안입니다. 하지만 현실에서는 놀라울 정도로 쉽게 간과되고 있습니다. 또 하나 주목할 점은 푸틴 대통령이 서방 관료들이 종종 당혹스러울 정도로 전면적 전쟁 확전을 피해 왔다는 사실입니다. 이와 같은 당혹감은 이번 전쟁 이전에도 나타난 바 있습니다. 미국과 영국은 전쟁 초기부터 러시아의 군사 작전 규모를 심각하게 과대평가했으며, 그로 인해 당황한 기색이 역력했습니다. 한 영국 고위 관료는 당시 상황에 대해 "우리는 러시아가 우리처럼, 전통적인 방식으로 국가 전체를 침공할 것이라고 가정했기 때문입니다."라고 설명했습니다.

실제로 미국과 영국이 다른 국가를 침공할 때는 그 나라의 핵심 생명줄부터 먼저 노립니다. 통신망, 교통 인프라, 에너지 시스템 등 국가 기능의 기반을 이루는 모든 구조물을 우선적으로 파괴하죠. 그러나 푸틴은 그러한 방식으로 전쟁을 수행하지 않았고, 바로 그 점이 미국과 영국의 전략가들을 혼란스럽게 만들었습니다.

언론 보도에 따르면, 키이우와 우크라이나 서부 대부분의 지역에서는 전쟁 이전의 일상이 상당 부분 회복된 상태입니다. 시민들은 레스토랑에서 식사를 하고 바에서 술을 마시며, 공원에서는 춤을 추거나 여름날의 여유를 즐기고 있습니다. 이는 미국과 영국이 주도해 온 전쟁 방식과는 분명히 큰 거리가 있는 양상입니다.

서방의 군사 분석가들은 '푸틴의 폭격기들이 우크라이나를 초토화할 수 있음에도 불구하고 자제하고 있다'는 사실에 대해 여러 가지 해석을 내놓고 있습니다. 그 이유가 무엇이든 간에 중요한 사실 하나는 변하지 않습니다. 우크라이나인의 생명뿐 아니라 훨씬 더 광범위한 인류적 위험을 담보로 한 도박은 지금 이 순간에도 계속되고 있다는 점입니다. 하지만 이 문제는 거의 주목을 받지 못하고 있으며, 그만큼 더 깊이 성찰할 필요가 있습니다.

마지막으로 모두가 이미 잘 알고 있지만 반복할 가치가 있는 경고의 말을 덧붙이고자 합니다.

선전과 선동은 결코 멈추지 않으며, 특히 위기 상황에서는 그 강도가 극에 달합니다. 따라서 '우리가 옳다'는 주장은 언제나 비판적 검토의 대상이 되어야 합니다. 그 한 예가 바로 '전쟁을 계기로 인도와 러시아의 관계가 단절되고 있다'는 식의 서방 보도입니다. 이 주장 대부분은 푸틴과 나렌드라 모디 인도 총리 간의 사마르칸트 회담에서 모디가 한 몇 마디에 근거하고 있습니다. 그가 말한 '오늘날은 전쟁의 시대가 아니다'라는 문장은 널리 인용되었지만, 그 이후 이어진 발언은 거의 소개되지 않았습니다. 모디 총리는 다음과 같이 덧붙였습니다.

"인도와 러시아의 관계는 훨씬 더 깊어졌습니다. 우리는 수십 년간 함께해 온 친구이며, 이 관계를 소중히 여깁니다. 전 세계가 인도와 러시아가 어떤 관계였는지를 알고 있고, 그만큼 우리가 결코 끊을 수 없는 우정을 지니고 있다는 것도 잘 알고 있습니다."

C. J. 폴리크로니우

▓ 일부 보도에 따르면, 우크라이나 정부는 미국제 고성능 무기 공급을 위한 비공식 협상을 진행 중인 것으로 알려졌습니다. 아울러 젤렌스키 대통령과 정부는 서방측에 '장기적인 안보 보장'을 규정한 문서를 제출했는데, 이는 우크라이나의 미래 안보를 나토 군대의 국

내 주둔과 직접 연계하는 내용을 담고 있습니다.

이에 대해 모스크바는 즉각 이 제안을 거부했고 러시아 안전 보장 이사회 부의장은 이를 '제3차 세계대전의 서막'이라 극언했습니다. 이른바 '키이우 안보 조약'은 과연 전쟁 종식과 평화 정착으로 가는 실질적인 길이 될 수 있을까요? 아니면 이 조약은 오히려 갈등을 무기한 지속시키고 사태를 한층 더 고조시키는 촉매제가 될 뿐일까요?

── **노엄 촘스키**

▨ 러시아 정부가 우크라이나 내에 나토 군대가 주둔하는 것을 받아들일 것이라고 상상하기는 어렵습니다. 이 지역의 전략적 이해관계에 대해 잘 알고 있는 미국의 고위 당국자들조차 지난 30년 동안 같은 인식을 공유해 왔으며, 오늘날 그 가능성은 더욱 희박해졌습니다. 현실적으로 러시아가 받아들일 수 있는 것은 이 요구가 한층 완화된 형태일 것입니다. 외교적으로는 '전략적 모호성'이라 불리는 접근, 즉 우크라이나의 나토 가입 추진을 공식적으로 종결하고, 대신 다자간 안전보장 체제를 통해 간접적인 보호를 제공하는 방안입니다. 사실 젤렌스키 대통령도 과거에 이와 유사한 제안을 한 바 있습니다. 이러한 제안이 여전히 현실적인 선택지인지 여부는 2022년 4월 양국이 시도했던 것처럼 새로운 외교적 해법을 위한 노력이 다시 이루

어지기 전까지는 판단하기 어렵습니다.

한편 바이든 행정부, 특히 국방부는 러시아의 격렬한 반발을 자극할 수 있다는 점을 고려해, 전쟁에 과도하게 개입하는 것을 상당히 조심스럽게 접근해 왔습니다. 이는 워싱턴과 런던 내부에서도 일정 부분 당혹감을 불러일으켰죠.

그러나 미국 의회의 태도는 사뭇 다릅니다. 마치 재앙을 향해 질주하듯이 극단적인 요구를 밀어붙이고 있는 듯 보입니다. 예컨대, '비행금지구역 설정'과 같은 위험천만한 제안들은 국방부에 의해 저지되었지만, 무력 과시는 여전히 계속되고 있습니다. 이러한 움직임은 중국으로까지 확산되고 있으며, 최근 나토 정상회담 결정에 따라 정확히 표현하자면 '북대서양의 인도-태평양 지역'이라 불리는 영역에도 영향력을 미치려는 시도가 이루어지려 하고 있습니다."

낸시 펠로시의 대만 방문도 무모한 행동이었지만, 초당적 매파 성향의 미 의회 의원들은 그보다 더 나아가 핵전쟁의 위험성마저 끌어올리고 있는 상황입니다. 이러한 흐름을 상징적으로 보여 주는 중대한 조치가 2022년 9월 14일에 있었습니다. 이날 미 상원 외교위원회는 '2022년 대만정책법'을 승인했습니다. 이 법안은 위원장인 로버트 메넨데즈(민주당·뉴저지)와 린지 그레이엄(공화당·사우스캐롤라이나)이 공동 발의한 것입니다.

법안의 핵심 내용은 대만을 '주요 비非나토 동맹국'으로 지정할 것을 명시하고 있으며, 향후 4년간 45억 달러 규모의 안보 지원을 제공하는 동시에 대만 정부와의 종합적인 군사 훈련 프로그램을 구축하겠다는 계획도 포함하고 있습니다. 《아시아타임스》에 따르면, 이 법안은 미·대만 양측 군대 간 상호운용성을 강화하고, 합동 비상 대응 시뮬레이션, 전쟁 게임, 그리고 '강력하고 작전상 유의미한 수준, 혹은 전면전에 준하는' 형태의 군사 훈련을 포함하고 있다고 보도했습니다.

또한 이 법안은 미국 정부의 기본 정책이 '대만 국민에게 외국·국가·정부 등과 동등한 수준의 사실상 외교적 대우를 제공한다'는 점을 명시하고, 미국 정부의 공직자들이 대만 정부 인사와 직접적·정기적으로 교류하는 데 존재하는 불필요한 제약을 없애는 것을 목표로 삼고 있습니다.

전 호주 국방 관계자 마이크 스크래프턴은 "중국 입장에서는 이를 대만의 독립을 사실상 인정하는 도발적 행위로 볼 수밖에 없다."라고 지적했습니다. 국제법상 대만은 중국의 일부로 간주되므로 이는 '중국의 주권을 명백히 침해하고 하나의 중국 원칙을 근본적으로 약화시키는 조처'라는 설명입니다.

결국 '규칙 기반 질서'를 강조하면서도 국제법을 무시하는 미국의 행보는 자국 패권을 유지하려는 전략임이 다시 한번 드러났습니다.

이 법안이 통과될 경우 중대한 지정학적 변수가 될 것이며,

미국이 지역은 물론 전 세계에 재앙적 결과를 초래할 전쟁에 개입할 준비가 되어 있음을 보여 주는 신호로 해석될 수 있습니다. 그런 의미에서 호주는 미국 주도의 지역 질서에 대한 자국의 입장을 재고해야 함을 시사합니다.

이 법안의 문구는 러시아의 침공 이전에 시행되었던 여러 프로그램을 모델로 삼은 것으로 보입니다. 미군의 표현을 빌리자면, 당시 이들 프로그램은 우크라이나를 '사실상의 나토 회원국'으로 만드는 데 기여하고 있었죠. 이 문제에 대해서는 우리가 다른 자리에서 이미 논의한 바 있습니다.

바이든 행정부는 이번 조치에 반대 입장을 취하고 있습니다. 이는 과거 낸시 펠로시의 대만 방문 당시 행정부가 그 행동을 반대한 것과 같은 맥락입니다. 그러나 이번 메넨데즈-그레이엄 법안은 단순히 개인의 정치적 홍보에 불과했던 펠로시의 행동보다 훨씬 더 중대한 지정학적 파장을 가져올 수 있는 사안입니다. 이 법안은 지난 반세기 동안 비교적 불안정한 지역에서 평화를 유지해 왔던 '하나의 중국' 정책의 전략적 모호성을 심각하게 훼손할 가능성이 있습니다.

C. J. 폴리크로니우

▐▐▐▐▐ 유럽연합은 중국과 인도에 대해 러시아산 원유 가격 상한제 도입을 지지하라고 압박을 가하고 있습니다. 물론 러시아는 이미 가격

제한을 부과하는 국가들에는 원유를 판매하지 않겠다고 공식적으로 선언한 상태입니다. 이와 관련해 핵심적인 질문 두 가지가 제기됩니다.

첫째, 중국과 인도가 유럽연합의 제안을 받아들일 가능성은 얼마나 될까요? 두 나라는 러시아의 우크라이나 침공 이후 오히려 러시아산 원유 수입을 늘려왔고, 그것도 할인된 가격에 구매해 왔다는 점에서 상한제를 수용할 가능성은 낮아 보입니다.

둘째, 만약 두 나라가 서방의 압력에 굴복해 이 제안을 수용한다면, 그로 인해 초래될 정치적 파장은 무엇일까요?

― **노엄 촘스키**

▮▮▮▮ 이 모든 흐름은 오랫동안 진행되어 온 세계 질서의 재편 과정의 일부이며, 푸틴의 불법적인 침략 행위는 그 재편을 더욱 가속화시켰습니다. 그 부수적 결과 중 하나는 유럽이 워싱턴의 영향력 아래로 사실상 편입되었다는 점입니다. 이 뜻밖의 '선물'은 푸틴이 프랑스 대통령 에마뉘엘 마크롱의 마지막 순간 외교적 중재 시도를 노골적으로 무시하고 거부함으로써 말 그대로 무상으로 미국에 넘겨졌습니다. 유럽은 스스로 미국의 영향권 안으로 들어간 셈이 되었고, 이는 결과적으로 미국의 대서양주의 패권 프로젝트, 즉 북미와 유럽 간의 긴밀한 연대 강화에 커다란 호재로 작용했습니다.

이와 관련된 핵심 문제는 단극 체제unipolarity와 다극 체제 multipolarity의 충돌입니다. 미국은 약 80년 전, 제2차 세계대전 이후 영국으로부터 글로벌 패권의 바통을 넘겨받았고, 이후 영국의 식민지적 야망을 훨씬 뛰어넘는 세계적 영향력을 추구해 왔습니다. 그리고 그 목표의 상당 부분을 이미 실현해 낸 셈입니다. 이 과정은 더 이상 장황하게 설명할 필요도 없을 만큼 잘 알려져 있죠. 그러나 그러한 팽창의 역사에는 항상 저항이 존재해 왔습니다.

여러 면에서 가장 중요하지만, 가장 간과되어 온 저항의 형태는 옛 식민지였던 국가들이 국제 질서 속에서 자신들의 정당한 자리를 찾으려는 노력이었습니다. 유엔무역개발회의, 새로운 국제경제질서, 새로운 국제정보질서 같은 다양한 시도들이 그 예입니다. 하지만 이러한 노력들은 대부분 제국주의 세력의 강한 반발과 억압에 부딪혀 무산되었습니다. 다른 방식으로 제압할 수 없을 때는 암살과 같은 극단적인 수단이 동원되기도 했습니다. 예컨대, 그 대표적인 사례가 바로 콩고의 초대 총리 파트리스 루뭄바 암살 사건이죠. 이는 그 자체로 매우 중요한 역사적 사건이기도 합니다. 그럼에도 일부 다극 체제의 요소들은 살아남아 오늘날까지 이어지고 있습니다. 대표적인 사례가 브릭스BRICS 즉 브라질, 러시아, 인도, 중국, 남아프리카공화국 간의 경제 협력 동맹입니다. 그리고 오늘날 가장 주목할 점은 중국이 이 다극적인 세계 질서를 새롭게 정립하려는 움직임의 중심에 서 있다는 사실입니다.

현재 이 장기적인 갈등은 여러 구체적인 형태로 표출되고 있습니다. 그중 하나는 중국의 기술 발전을 저지하려는 미국의 강력한 시도이며, 동시에 중국을 중무장한 미국의 위성국들로 둘러싸려는 지정학적 전략입니다. 또 다른 양상은 나토를 기반으로 한 미국 주도의 대서양주의 프로젝트입니다. 이 구상은 푸틴의 범죄적 침공으로 인해 오히려 더 큰 정당성과 추진력을 얻게 되었으며, 최근에는 공식적으로 인도·태평양 지역까지 그 영향력을 확장하고 있습니다. 이에 맞서 중국은 '일대일로'라는 대규모 개발 및 투자 프로젝트를 주도하고 있으며, 이는 상하이 협력기구sco의 지원을 받는 가운데 중앙아시아를 넘어 전 세계 여러 지역으로 그 범위를 확장하고 있습니다.

이러한 경쟁은 단순한 경제·군사적 충돌을 넘어 국제 질서를 둘러싼 이념적 대립으로도 나타납니다. 한쪽에는 유엔을 중심으로 한 국제법 기반의 질서, 그리고 다른 한쪽에는 '규칙 기반 국제 질서', 즉 미국이 규칙을 정하고 해석하는 방식의 질서가 맞서고 있는 것입니다. 놀라운 점은 이 규칙 기반 질서라는 개념이 미국 내에서는 거의 비판 없이 당연한 전제처럼 받아들여지고 있다는 사실입니다.

질문에서 제기된 핵심 문제들은 좀 더 포괄적인 세계사적 맥락 속에 놓여 있습니다. 이러한 사안들의 진정한 해결은 전 지구적 체제의 근본적 재편이라는 광범위한 흐름과 긴밀히 연결되어 있으며, 그것은 여전히 불확실하지만 피할 수 없는 과제입니다.

우리가 당면한 표면적 문제들 이면에는 흔히 간과되지만, 훨씬 더 근본적인 도전 과제가 자리하고 있습니다. 그것은 바로 환경 파괴와 핵무기 사용이라는 인류 전체의 생존을 위협하는 가장 심각하고도 긴급한 위기입니다. 이 문제에 대해 주요 국가들이 효과적이고 진지한 대응책을 마련하지 못한다면, 그 어떤 국제적 논의나 제도 개혁, 지정학적 경쟁도 결국 무의미해질 수밖에 없습니다. 그리고 무엇보다 중요한 사실은 우리에겐 시간이 많지 않다는 점입니다.

• 노엄 촘스키 •

교착의 전장,
그 뒤에 있는 미국의 첨단 무기들

2022년 12월 22일

C. J. 폴리크로니우

▐▐▐▐ 노엄, 시간이 지날수록 우크라이나 전쟁의 전망은 더욱 암울해 보입니다. 미국과 유럽연합 모두 이제 이 전쟁에 깊숙이 개입하고 있으며, 바이든 대통령은 러시아를 전장에서 물리치는 데 있어 '우크라이나를 얼마든지 지원하겠다'고까지 약속한 상태입니다. 한편, 볼로디미르 젤렌스키 대통령은 최근 평화 정착을 위한 새로운 조건을 제시했지만, 모스크바는 '지금의 현실을 고려해야 한다'는 입장을 내세우며 이를 즉각 거부했습니다.

이러한 국면에서 한 가지 질문을 드리고 싶습니다. 현재의 이 전쟁이 어떤 방식으로 마무리될지 짐작해 볼 수 있는, 역사적으로 유사한 전례나 사례가 있을까요?

— **노엄 촘스키**

역사적으로 유사한 사례는 무수히 많습니다. 아프가니스탄, 예멘, 리비아, 가자 지구, 콩고 동부, 소말리아 등은 모두 미국과 그 동맹국들이 주도했거나, 핵심적인 역할을 했던 분쟁 지역들로 이들 대부분은 현재까지도 비극적인 상황이 지속되고 있습니다.

그러나 이런 사례들은 우크라이나 문제를 논의할 때 공식적이고 '예의 바른' 자리에서는 좀처럼 언급되지 않습니다. 그 이유는 단순합니다. 대부분의 서방 담론에서는 문제의 원인이 '우리'가 아니라 '그들'에게 있다는 전제가 암묵적으로 깔려 있기 때문이죠. '악의 없는 의도'가 불행한 결과를 초래한 것이며, 그것은 히틀러의 재림과는 전혀 관계없다는 식의 설명이 자명한 진실처럼 통용되고 있습니다. 마치 '2+2=4'처럼 더 이상 토론의 대상이 아니게 되어버린 것입니다.

이런 역사적 유사 사례들이 보여 주는 건 우크라이나 전쟁의 결말 또한 매우 암울할 수 있다는 점입니다. 즉, 분쟁이 명확한 해결 없이 오랜 시간 끌다가 결국 그 잔혹함이 너무 심각해져서 현실을 직시하는 것조차 꺼리게 될 정도에 이르기까지 계속될 수 있다는 시나리오 말입니다. 안타깝게도 시간이 갈수록 그 시나리오는 점점 더 현실에 가까워지고 있습니다.

저는 군사 전문가는 아니지만 다양한 군사 분석가들의 견해를 따라가려 노력하고 있습니다. 다만 이들 대부분이 서로 정반대의 결론을 내리면서도 자신만만하다는 사실이죠. 이런 현상은 이번이 처음이 아닙니다. 제 추측으로는 합참의장을 지낸 마크 밀리 장군의 분석이 가장 타당해 보입니다. 그는 "어느 쪽도 결정적인 군사적 승리를 거둘 수 없고, 전쟁을 계속하는 비용은 양측 모두에게 엄청나며, 그 이상의 많은 여파가 있을 것이다."라고 말했습니다.

전쟁이 계속된다면 가장 큰 피해자는 결국 우크라이나가 될 수밖에 없습니다. 미국의 첨단 무기는 러시아가 더 많은 병력과 장비를 투입하는 가운데 전장의 교착 상태를 유지할 수는 있겠지만, 만약 러시아가 이후 미국·영국식 전쟁 방식으로 전환하여 우크라이나의 기반 시설, 에너지, 통신, 사회 기능의 핵심을 직접 타격하기 시작한다면, 과연 우크라이나 사회가 얼마나 더 버틸 수 있을까요? 이미 우크라이나는 심각한 경제적·인도적 위기에 직면해 있습니다. 전쟁이 장기화될수록 상황은 더욱 악화될 수밖에 없으며, 이에 대해 우크라이나 중앙은행 관계자들조차 "사람들이 대규모로 우크라이나를 떠날 수 있으며 그 과정에서 흐리우냐(우크라이나 통화)를 유로화나 달러로 바꾸어 나가게 된다면, 이는 국가 통화의 급격한 평가절하(통화 폭락)로 이어질 수 있습니다."라고 우려를 표했습니다.

다행스럽게도 우크라이나를 떠나는 많은 피란민은 서방 국가들에 수용될 가능성이 높습니다. 그들은 대부분 백인으로 인식되어 아프리카에서 유럽의 파괴를 피해 지중해에서 수천 명이 익사하거나, 미국이 지원하는 테러리스트 국가로 강제로 송환되는 사람들과는 다른 대우를 받습니다. 물론 상당수 우크라이나인이 피난에 성공할 수는 있겠지만, 전쟁으로 인해 우크라이나의 생존 가능한 사회 기반이 무너지고 있다는 점은 심각한 문제입니다. 이로 인해 우크라이나가 향후에도 오랫동안 끔찍한 길을 걸을 가능성은 매우 큽니다.

한편, 핵무기를 둘러싼 논의는 대부분 서구에서 이루어지고 있으며, 이 과정에서 우리는 위기가 어떻게 빠르게 격렬한 상황으로 치달을 수 있는지를 쉽게 상상할 수 있습니다. 특히 미국 내에서 핵전쟁을 너무도 가볍게 논의하는 태도는 충격적이며, 동시에 문자 그대로 재앙적인 결과를 초래할 수 있는 위험한 징후입니다.

현재 널리 퍼져 있는 '민주주의 대 독재'라는 거대한 문명적 대결 구도는 서구식 교육을 받지 않은 이들에게는 오히려 비웃음의 대상이 되곤 합니다. 서구 밖의 사람들은 과거와 현재의 역사적 현실을 좀 더 객관적으로 바라볼 수 있으며, 서구 내부에서처럼 이념적 환상에 함몰되어 있지 않기 때문입니다. 서구의 선전이 만들어 낸 서사들, 특히 푸틴이 유럽을 넘어 전 세계를 지배하려 한다는 공포심 조장 역시 마찬가지입니다. 이러한 과장된 주장들은 러시아군의 현실적인 군사적 무능함 예컨대, 자국 국경 인근의 도시조차 장악하지 못하는 상황에 대한 조롱과 모순되게 공존합니다. 조지 오웰은 이러한 현상을 '이중사고'라고 불렀습니다. 즉, 서로 모순되는 두 개의 관념을 동시에 받아들이고, 둘 다 사실이라고 믿는 사고방식을 의미합니다.

오늘날 서구에서 나타나는 이 이중적인 인식 구조는 푸틴의 정신 상태를 해석하고 그의 뒤틀린 욕망과 과대망상적 야망을 찾아내려는 일종의 '점술 산업'에 의해 더욱 강화되고 있습니다. 그러나 이 산업이 제시하는 해석들 역시 그 근거가 희박하다는 점은 쉽게 간과됩니다.

하지만 현실은 여전히 우리 앞에 놓여 있습니다. 우크라이나의 황폐화는 계속되고 있으며, 핵전쟁의 위험도 점차 증가하고 있습니다. 흑해 지역의 곡물과 비료 수출 중단으로 인해 수많은 사람이 굶주림의 위기에 처해 있습니다. 기후 위기 대응에 필수적인 귀중한 자원들이 파괴와 군사력 증강에 허비되고 있습니다. 유럽은 심각한 타격을 받고 있습니다. 러시아와의 상호이익적 관계는 단절되었고, 빠르게 성장하는 중국 주도의 경제 시스템과의 연결성 또한 크게 손상되었습니다. 특히 독일을 중심으로 한 유럽의 산업 체계가 미국에 종속될 것인지, 아니면 다른 길을 모색할 것인지는 아직 불확실하며 이는 매우 중요한 쟁점입니다.

이 상황의 파급력은 러시아-우크라이나 간의 문제를 넘어섭니다. 바이든 행정부가 중국과의 기술 패권 전쟁을 본격화하면서 미국 부품이나 설계가 일부라도 포함된 기술의 수출을 차단하는 정책을 도입했고, 이는 유럽, 특히 네덜란드의 최첨단 반도체 산업계를 곤경에 빠뜨리고 있습니다.

현재로서는 유럽 기업들이 중국의 기술 발전을 견제하려는 미국의 전략으로 인한 경제적 손실을 감수할 것인지 여부는 불투명합니다. 이러한 제재 조치들은 언제나처럼 '국가 안보'라는 명분을 내세우지만, 그 논리는 맹목적인 추종자들만이 수긍할 수 있는 수준일 것입니다.

한편, 미국은 이 같은 정황 속에서 여러 가지 이점을 누리고 있는 것으로 보입니다. 지정학적으로 푸틴의 무모한 선택으로 인해 유럽이 워싱턴 쪽으로 더욱 가까워지고 있으며, 이는 실현 가능했던 전쟁 회피의 기회를 놓친 결과이기도 합니다. 그러나 이러한 이익의 수혜자는 일반 시민이 아닙니다. 실질적인 권력을 가진 집단들, 즉 석유·가스 산업, 이에 투자하는 금융 기관들, 방위산업체, 농업 분야의 대기업, 그리고 전반적인 경제 시스템을 좌우하는 세력들이 직접적인 혜택을 누리고 있습니다. 이들은 급증하는 수익에 기쁨을 감추지 못하며, 그 결과는 물가 상승으로 이어지고 있습니다. 인류 사회를 더욱 빠르게 파멸로 이끌 수 있는 '밝은 전망'에 들떠 있는 셈이죠.

전 세계 다수 국가와 유럽의 상당수 시민이 외교적 해결과 협상을 요구하는 이유는 최근의 여론조사 결과들을 통해 엿볼 수 있습니다. 우크라이나 국민들 역시 자신들의 판단을 내릴 것이며, 정부의 공식 입장은 명확하지만 일반 시민들의 견해는 상대적으로 잘 알려져 있지 않습니다. 이와 관련해, 언론인 조너선 스틸은 9월에 우크라이나 내에서 실시된 갤럽 전화 여론조사 결과를 인용하며 '응답자 중 남성의 76%, 여성의 64%는 러시아가 크림반도를 포함한 모든 점령지에서 철수할 때까지 전쟁을 지속해야 한다고 응답했으며, 그 외의 상당수는 협상을 선호하는 입장을 보였다고 전했습니다.

지역별 분석 결과는 전쟁의 영향을 직접적으로 받는 전선 인근 지역에서는 전쟁의 공포가 가장 강하게 느껴지기 때문에 전투 지속에 대한 회의적인 시각이 가장 강했습니다. 남부 우크라이나에서는 58%만이 전쟁 지속을 지지했으며, 동부 지역에서는 그 수치가 56%로 좀 더 낮았습니다.

그렇다면 외교적인 해결 가능성은 있을까요? 호전적 성향으로 잘 알려진 미국과 영국은 여전히 전쟁을 통해 러시아의 국력을 근본적으로 약화시키는 것을 목표로 삼고 있으며, 따라서 협상에도 부정적인 입장을 고수하고 있습니다. 그러나 최근에는 이들 국가 내부에서도 이러한 입장에 대한 인식 변화의 조짐이 조금씩 감지되고 있습니다.

현재 두 대립 세력 간의 입장은 갈등이 심화됨에 따라 예측 가능한 방식으로 고착화되어 서로 정면으로 대치하고 있습니다. 과연 지난 3월의 상황으로 돌아갈 수 있을지 알 수 없습니다. 우크라이나 좌파 진영의 정보에 따르면, 우크라이나는 3월 29일 이스탄불 회의에서 러시아 군이 2월 23일 이전의 위치로 철수하고, 크림과 돈바스에 대한 논의를 연기할 것을 공개적으로 제안했다고 합니다. 그와 동시에 우크라이나 측은 모든 갈등은 국제 감시하에 실시되는 투명한 국민투표를 통해 해결되어야 하며, 그 국민투표는 모든 강제 이주민들이 귀환한 이후에 실시되어야 한다고 강조했습니다.

이스탄불 협상은 결국 결실을 맺지 못했습니다. 앞서 언급한 출처는 협상 실패의 모든 책임을 러시아 측에 돌리고 있지만, 이 외교적 시도에 대한 언론 보도는 극히 제한적이어서 실제로 어떤 세부 상황이 있었는지 명확히 파악하기 어렵습니다.

특히 영국이 협상에 반대했고, 여기에 미국이 동조했다는 주장이 협상 결렬의 배경 중 하나로 거론되지만, 그 진위는 아직 확실하지 않습니다.

그렇다면 평화 협상의 길은 여전히 열려 있는 걸까요? 이를 확인할 수 있는 유일한 방법은 바로 협상 재개를 위한 적극적인 노력을 실제로 시도해 보는 것입니다. 적어도 우리는 미국이 만들어 낸 외교적 장애물들을 제거할 수 있습니다. 이 문제들에 대해서는 이미 충분히 살펴본 바 있으며, 이제는 이러한 주제들에 대해 자유롭고 열린 토론의 장을 마련하기 위해 노력해야 할 때입니다. 사실과 인간적 결과를 무시한 채, 고귀한 원칙을 앞세우며 감정적으로 반응하거나 스스로를 영웅화하는 태도에서 벗어날 수 있다면, 그 자체로 큰 전진이 될 것입니다. 물론 이 길에는 수많은 함정과 위험이 도사리고 있습니다. 그럼에도 우크라이나와 그 너머 지역을 재앙으로부터 구할 수 있는 현실적인 대안은 많지 않아 보입니다.

C. J. 폴리크로니우

▥ 독일 총리 올라프 숄츠는 우크라이나 전쟁을 블라디미르 푸틴이 러시아 제국을 재건하려는 전략적 시도의 일환으로 간주하고 있으며, 이 갈등이 종식되고 러시아가 패배한 이후에야 비로소 모스크바와의 관계를 재정립할 수 있을 것이라고 언급했습니다.

그런데 실제로 푸틴 정권이 러시아 제국의 부활을 추구하고 있다는 명확한 증거가 존재할까요? 만약 러시아가 전장에서 패배하지 않는다면, 이후 어떤 상황이 펼쳐지게 될까요? 유럽은 새로운 냉전 국면에 휘말리게 되는 걸까요? 더 나아가 우크라이나를 둘러싼 미국·나토와 러시아 간의 대립은 사실상 냉전이 완전히 끝난 적이 없었다는 점을 입증하는 것이 아닐까요?

노엄 촘스키

▨ 숄츠는 분명히 더 잘 알고 있을 겁니다. 러시아의 전쟁 목표가 무엇이든 간에 그것들은 매우 명확하고 구체적이었습니다. 정보에 능통한 숄츠가 이를 모를 리 없겠죠. 소위 '점술 산업'이라 불리는 집단은 종종 푸틴의 발언을 맥락에서 떼어내어 러시아의 공격적 행보에 대한 공포심을 조장하는 이미지를 만들어 내곤 합니다. 이는 앞서 언급한 '이중사고'의 논리에 놀라울 정도로 깊이 얽매여 있다는 사실을 보여 줍니다.

소련이 붕괴하면서 냉전은 일시적으로 종료되었습니다. 당시 고르바초프와 조지 H. W. 부시 간의 협상, 특히 독일의 통일과 관련된 논의는 냉전의 유산에서 벗어날 수 있는 토대를 마련했죠. 그러나 그 희망은 오래가지 못했습니다.

우리는 냉전의 종식이 단지 일시적으로 이데올로기적 장벽을 걷어냈을 뿐이라는 사실을 간과해서는 안 됩니다. 기밀 해

제된 정부 문서들은 냉전이 상당 부분 초강대국 간의 암묵적 합의였음을 간접적으로 시사하고 있습니다. 그 합의란, 각국이 자국의 영향권을 통제하기 위해 필요할 경우 무력을 사용할 수 있다는 암묵적 허용이었죠. 러시아의 경우는 동유럽, 미국의 경우는 세계 대부분이 그 대상이었습니다. 조지 H. W. 부시 행정부는 중동 지역을 겨냥한 개입군을 계속 유지해야 한다는 방침을 공개적으로 밝혔습니다. 수십 년간 모호하게 덮어두었던 사실과 달리 중동의 복잡한 문제들을 더 이상 '크렘린 탓'으로 돌릴 수 없다는 것이었습니다. 그 대신 미국이 오랫동안 가장 우려해 온 위협, 즉 독립적인 민족주의야말로 중동의 불안정의 진정한 원천이라는 인식이 분명해졌습니다. 러시아의 군사적 위협이 사라졌음에도 이 위협 인식은 바뀌지 않았습니다. 다만 이제는 새로운 명분이 필요해졌을 뿐이죠.

'러시아의 위협'이라는 낡은 구실이 사라지자, 그 자리를 '인도적 개입'이라는 새로운 명분이 채우게 됩니다. 이는 서방에서는 찬사를 받았지만, 전통적으로 피해를 입어 온 '글로벌 사우스 국가'들에서는 냉소적이고 날 선 비판을 받았습니다. 이 모든 논의는 이미 다른 자리에서 더 깊이 검토된 바 있습니다.

공식적인 냉전은 잠시 종식되었습니다. 조지 H. W. 부시는 미하일 고르바초프에게 한 약속을 지켰지만, 빌 클린턴은 즉시 그 약속을 뒤집고 분명하고도 확고했던 합의를 어기며, 나토를 러시아 국경까지 확장하기 시작했습니다. 클린턴은 이러한 조치가 국내 정치, 특히 폴란드계 유권자들을 의식한 것이었다고 친구인 보리스 옐친에게 설명했죠.

그 이후 이어진 불행한 이야기들은 굳이 다시 되짚을 필요가 없을 것입니다. 고르바초프가 구상하고 부시 1세가 동의했던 군사 동맹 없는 '공동의 유럽의 집'이라는 비전은 클린턴에 의해 무산되었고, 결국 새로운 형태의 냉전이 시작되었습니다. 그리고 오늘날, 그 냉전은 극도로 위험한 국면에 이르렀습니다.

C. J. 폴리크로니우

▮▮▮▮ 독일의 전 총리 앙겔라 메르켈은 독일 일간지 《디 차이트Die Zeit》와의 인터뷰에서 주목할 만한 발언을 했습니다. 그녀는 2014년 '민스크 협정'에 대해 '우크라이나가 강해질 시간을 벌어주기 위한 목적이었다'고 밝혔고, 키이우는 실제로 평화 협정을 이행할 의사가 없었으며, 오히려 러시아와의 대규모 충돌에 대비해 우크라이나를 무장시키는 것이 계획의 핵심이었다고 인정했습니다.

이러한 발언은 외교적 기만행위로 간주될 수 있는 것 아닌가요? 만약 그렇다면 이것은 국제법상 외교 사기에 해당하며, 국제 재판소의 개입을 정당화할 만한 사안이 되지 않을까요?

―― **노엄 촘스키**

▥ 메르켈 전 총리가 그 발언에서 실제로 어떤 의도를 갖고 있었는지는 우리가 정확히 알 수 없습니다. 그리고 그녀의 주장을 뒷받침할 수 있는 역사적 혹은 외교적 기록은 존재하지 않습니다. 저는 '앨라배마의 달 Moon of Alabama'이라는 이름으로 활동하는 한 예리한 평론가의 견해에 공감하는데, 그는 "메르켈은 미국뿐 아니라 그녀가 속했던 보수당 내부로부터도 거센 비판을 받고 있습니다. 그녀는 과거의 결정들과 현재 우크라이나가 처한 불행한 상황을 정당화하려는 시도를 하고 있으며, 제 추측으로는 그녀가 이 이야기를 지어내고 있는 것 같습니다. 문제는 그로 인해 심각한 피해가 발생하고 있다는 점입니다."라고 지적합니다.

그는 이러한 결론을 뒷받침하기 위해 관련 텍스트를 꼼꼼하게 분석했으며, 제게는 그 해석이 가장 설득력 있게 보입니다. 국제 재판소 개설과 같은 조치를 취할 근거가 있다고 보지는 않습니다. 오히려 이는 극단적으로 혼탁한 정치적 분위기 속에서 한 정치인이 자신의 책임을 회피하고자 내놓은 자기 합리화의 일환으로 보입니다.

C. J. 폴리크로니우

▥ 지난 몇 달 동안 러시아는 우크라이나의 에너지 기반 시설을 겨

냥한 대규모 공습을 감행해 왔습니다. 이는 명백히 전쟁 범죄로 간주될 수 있는 중대한 군사 작전으로 이러한 끔찍한 행위 뒤에 자리한 전략적 동기는 무엇이라고 보십니까?

또한 전쟁 종식을 위한 외교적 노력의 관점에서 볼 때, 우크라이나가 러시아 본토를 공격하는 행위는 어떤 정치적, 외교적 함의를 가질 수 있을까요?

── **노엄 촘스키**

▨▨ 이미 앞서 언급했듯이, 미국과 영국의 전략가들은 푸틴이 불과 며칠 만에 키이우를 점령할 것으로 예상했고, 러시아 역시 그렇게 될 것으로 믿었던 듯합니다. 실제로 우크라이나에 망명 정부를 수립하려는 계획이 언론을 통해 보도되기도 했죠. 양측 모두 우크라이나가 침략에 저항할 의지와 역량을 현저히 과소평가한 반면, 러시아의 군사력은 지나치게 과대평가했던 셈입니다.

미국과 영국의 군사 분석가들 또한 러시아가 예상과는 다른 방식의 전쟁, 즉 당신이 언급한 바와 같은 '잔혹한 유형의 군사 작전'을 즉시 개시하지 않은 점에 놀라움을 감추지 못했습니다. 하지만 우리는 몇 달 전부터 러시아가 조만간 미국, 영국, 이스라엘이 사용해 온 전술, 다시 말해 지속 가능한 사회 기반을 구성하는 모든 요소를 신속히 파괴하는 방식으로 전환할 가능성을 예측해 왔습니다.

지금 러시아는 바로 그 전략을 실행에 옮기고 있으며, 이는 당연하게도 무고한 민간인들에게 극도의 공포를 안겨주고 있습니다. 아이러니하게도 그런 반응을 보이는 이들 가운데는 과거 바로 그와 같은 전술을 직접 사용했거나 정당화했던 서방 국가들도 포함되어 있습니다. 그저 '올바른 편'에 있었다는 이유로 말이죠.

러시아의 전략적 목표는 특히 최근 전장 후퇴 이후 더욱 분명해졌습니다. 그것은 바로 우크라이나의 경제와 저항 의지를 무너뜨리는 것입니다. 이 모든 전개는 우리에게 전혀 낯설지 않은 방식이죠.

이것은 명백한 전쟁 법칙입니다. 이라크, 가자지구, 그리고 지금의 우크라이나에서 모두 유사한 상황이 반복되고 있죠. 우크라이나가 러시아의 공격에 맞서 반격에 나서는 것은 충분히 이해할 수 있는 일입니다. 지금까지 미국 정부는 국방부(펜타곤)의 지침에 따라 우크라이나의 반응을 일정 부분 제한해 왔으며, 많은 논평자가 주장하듯이 세계가 파국으로 치닫는 광경을 수수방관하려는 의도를 가지고 있다고 보기는 어렵습니다.

하지만 상황은 언제든지 급격히 악화될 수 있습니다. 최근 주목할 만한 전개는 미국이 우크라이나에 패트리엇 미사일 방어 시스템을 제공할 계획이라는 점입니다. 문제는 이 시스템이 실제로 효과적으로 작동할지는 여전히 불확실하다는 것입니다. 패트리엇 운용에는 상당한 규모의 군사 인력이 필요하며, 약 80명 정도가 투입되어야 할 것으로 보이고, 그 가운데 일부는 미국에서 훈련받은 병력일 가능성이 큽니다. 시스템이 제대로 작동하든 그렇지 않든, 설치 단계에서부터 러시아의 직접적인 공격 대상이 될 수 있습니다. 만약 그렇게 된다면 그 파장은 어떻게 전개될까요?

어떠한 형태로든 전쟁이 확대되는 것은 본질적으로 극도로 위험한 일입니다. 그것은 더 큰 재앙을 막기 위한 외교적 해법에 남아 있는 마지막 희망마저 꺾어버릴 수 있기 때문입니다.

• 노엄 촘스키 •

전쟁 장기화 속 나토 강화, 최악의 대응인가

2023년 2월 23일

C. J. 폴리크로니우

러시아-우크라이나 전쟁이 1년을 앞두고 있지만, 전투는 멈출 기미조차 보이지 않습니다. 오히려 미국과 독일은 우크라이나에 대한 무기 지원을 더욱 강화하고 있는 상황입니다. 그렇다면 나토와 미국의 다음 수순은 무엇일까요? 혹시 우크라이나군에 모스크바나 다른 러시아 도시들을 직접 공격하라고 촉구하는 단계로 나아가게 될까요? 노엄, 지금 이 시점에서 러시아-우크라이나 전쟁의 최근 전개 상황에 대한 당신의 평가는 어떻습니까?

── **노엄 촘스키**

▎이 문제에 관해서라면, 우선 나토와 미국의 정책에서 빠져 있는 것이 무엇인지 묻는 것부터 시작하는 것이 유익할 것입니다. 그 질문에 대한 답은 명확하죠. 바로 상황이 더욱 비극적으로 악화되기 전에 전쟁을 종식하려는 진지한 시도입니다. '비극적으로 악화되는 것'이란 점점 더 철저히 파괴되어 가는 우크라이나를 의미합니다. 물론 그 자체만으로도 충분히 참혹한 일이지만, 이를 미국과 영국의 이라크 침공이나 더 나아가 미국이 인도차이나에서 자행한 대규모 파괴 행위와 비교하면, 그 규모는 상대적으로 미미한 편입니다. 인도차이나 전쟁은 제2차 세계대전 이후 미국이 저지른 가장 참혹한 전쟁 중 하나로 꼽히며, 이와 유사한 사례들은 무수히 존재합니다.

몇 가지 예를 들면, 2023년 2월 기준으로 유엔은 우크라이나에서 약 7,000명의 민간인 사망자가 발생했다고 보고했지만, 이는 실제보다 낮게 추산된 수치일 가능성이 높습니다. 이 수치를 세 배로 늘려도 1982년 미국의 지원 아래 이스라엘이 감행한 레바논 침공 당시의 사망자 수에 겨우 근접할 뿐입니다. 만약 30배로 늘린다면 미국이 '사소한 일'쯤으로 여겼던 로널드 레이건 행정부 시절 중앙아메리카에서 자행된 대량 학살의 희생자 수에 이를 것입니다.

이런 사례들은 과거의 일로 끝난 것이 아니라 오늘날에도 계속되고 있습니다. 하지만 이런 비교는 무의미한 일이죠. 사실 서구 교리에서는 비난받아 마땅한 일이기도 하고요. 러시아를 특별히 끔찍한 존재로 규탄하는 것이 공식적인 임무인데, 어떻게 감히 서구의 범죄를 거론하겠습니까. 게다가 우리가 저지른 각각의 범죄에 대해서는 정교한 변명거리들이 늘 준비되어 있죠. 이런 것들은 자세히 들여다보면 금방 변명에 불과하다는 사실이 밝혀집니다.

하지만 이런 사실들은 모두 중요하지 않게 됩니다. 왜냐하면 우리는 조지 오웰이 『동물농장』 서문에서 자유로운 영국을 설명하며 말했듯이 '공식적인 금지 조치 없이도 인기 없는 생각은 입막음 되고, 불편한 진실은 감춰질 수 있는' 그런 체계 속에 살고 있기 때문입니다.

하지만 훨씬 더 심각한 상황은 우크라이나의 참혹한 사망자 수를 넘어서는 것입니다. 비옥한 흑해 지역의 곡물과 비료 공급이 중단되어 기아에 직면한 사람들, 핵전쟁, 즉 종말적 전쟁을 의미하죠, 그 핵전쟁으로 이어질 수 있는 긴장 고조의 위험이 커지는 것, 그리고 아마도 가장 최악인 것은 굳이 다시 설명할 필요도 없이 다가오는 지구 온난화의 재앙을 막으려는 제한적 노력마저도 크게 후퇴하고 있다는 점입니다.

불행히도 우리는 이 점을 다시금 직시해야 합니다. 화석연료 산업이 사상 최대의 수익을 올리며 들뜬 분위기에 빠져 있다는 사실을 결코 외면해서는 안 됩니다. 이들은 화석연료의 수익성이 급등하자 지속 가능한 에너지에 대한 그나마 미미했던 관심조차 저버렸고, 앞으로 수십 년간 인류를 파멸로 몰고 갈 수 있는 이익 전망에 기대를 걸고 있는 실정입니다.

이와 더불어 이러한 문제들을 사람들이 잊어버리게 만들려는 선전 체계가 매우 효과적으로 작동하고 있다는 사실도 함께 주목해야 합니다. 최근 퓨 리서치Pew Research의 여론조사만 봐도 그렇습니다. 가장 시급한 위협 중 하나인 핵전쟁에 대한 질문조차 포함되지 않았고, 기후 변화는 응답자들의 관심 목록에서 가장 낮은 순위에 머물렀습니다. 특히 공화당 지지자 중 단 13%만이 기후 위기를 심각한 문제로 인식하고 있죠. 결국 이 문제는 인류 역사상 가장 중대한 과제임에도 불구하고 대중으로부터 외면당하고 있으며, 체계적으로 억눌려 온 셈입니다.

이 여론조사는 공교롭게도 최근 '종말시계' 조정과 시점을 같이했습니다. 종말시계는 자정 90초 전으로 앞당겨지며 또다시 불길한 기록을 갱신했는데, 이는 핵전쟁과 환경 파괴라는 익숙한 우려 때문입니다. 여기에 우리는 세 번째 우려를 더할 수 있습니다. 바로 우리의 제도와 체제가 우리를 재앙으로 몰아가고 있다는 인식 자체가 철저히 침묵되고 있다는 사실입니다.

이제 본래의 주제로 돌아가 보겠습니다.

현재 어떤 방식으로 정책이 분쟁을 고조시키고, 결과적으로 '훨씬 더 나쁜 상황'을 초래하도록 설계되고 있는지 살펴보려 합니다. 겉으로 내세우는 공식적인 명분은 여전히 동일합니다. 바로 러시아를 심각하게 약화시키는 것이죠. 하지만 자유주의 성향의 논평가들은 좀 더 인도주의적인 논리를 제시합니다. 그들은 우크라이나가 협상에서 더 유리한 위치를 점할 수 있도록 지원해야 한다고 주장합니다. 그러나 우크라이나가 열세인 조건에서 협상에 나서는 대안은 전혀 비현실적인 시나리오가 아님에도 불구하고 사실상 논의조차 되지 않고 있습니다. '러시아를 약화시켜야 한다'는 강경한 입장이 지배하는 가운데 이제 미국과 독일은 탱크를 지원하고 있으며, 조만간 전투기까지 투입될 가능성도 커지고 있습니다. 나아가 미국과 나토의 직접적인 군사 개입 역시 점차 확대되는 양상입니다.

앞으로 벌어질 일들은 이미 감춰지지 않고 드러나고 있습니다. 최근 언론 보도에 따르면, 미국의 우크라이나 개입은 점점 더 깊어지고 있습니다. 미 국방성이 우크라이나에 '통제팀'을 파견해 군사 작전을 감시하도록 하고, 이를 위해 최고 등급의 기밀 프로그램을 요청한 것으로 알려졌습니다. 또한 미국이 우크라이나군의 정밀 타격을 위해 목표 정보를 직접 제공하고 있다는 사실도 밝혀졌습니다. 이는 미국이 이 전쟁에서 이전보다 훨씬 깊고 적극적인 역할을 수행하고 있음을 보여 주는 새로운 정황입니다. 결국 어떤 시점에서는 러시아의 보복이 뒤따를 수 있으며, 이는 갈등을 한층 더 격화시킬 가능성이 있습니다.

지금과 같은 노선을 유지한다면, 많은 비서방 국가가 바라보는 이 전쟁에 대한 시각이 사실로 드러날 것입니다. 즉, '우크라이나인의 시신 위에 벌어지는 미국과 러시아의 전쟁'이라는 관점입니다. 찰스 프리먼 전 대사의 표현을 빌리자면, 이는 마치 미국이 마지막 한 사람의 우크라이나인까지 동원해 러시아와 싸우는 듯한 모습입니다. 이는 1980년대 미국이 아프가니스탄에서 마지막 한 사람까지 전장에 내몰며 러시아와 싸웠다는 디에고 코르도베스와 셀리그 해리슨의 분석을 다시 떠올리게 합니다.

러시아를 심각하게 약화시키려는 공식 정책은 실제로 일정한 성과를 거두고 있습니다. 많은 평론가가 지적하듯이 미국은 우크라이나를 통해 자국의 막대한 군사 예산 중 일부만을 사용하면서도, 사실상 유일한 군사적 경쟁자인 러시아의 전력을 크게 약화시키고 있습니다. 이는 결코 가벼운 성과가 아닙니다. 이러한 상황은 미국 경제의 핵심 분야, 특히 화석연료 산업과 군수 산업에 막대한 이익을 안겨주고 있습니다.

지정학적 관점에서도 제2차 세계대전 이후 미국이 직면해 온 핵심 과제 중 하나를 해결하는 데 기여하고 있습니다. 그 과제란, 유럽이 독자적인 노선을 택하거나, 동쪽의 자원이 풍부한 교역 파트너들과 긴밀히 통합되는 것을 방지하고, 나토 체제 내에서 미국의 영향력 아래 머물도록 유도하는 것입니다. 물론 이는 어디까지나 단기적인 결과일 수 있습니다. 유럽, 특히 독일을 중심으로 한 복합 산업 시스템이 과연 얼마나 오래 미국과 그 하수인 역할을 하는 영국에 종속되면서 경제 쇠퇴와 일정 수준의 탈산업화를 감내할 의지를 유지할지는 여전히 불투명합니다.

우크라이나를 넘어 다른 지역들까지 재앙의 그림자가 드리워지는 이 상황에서 외교적 해법에 희망을 걸 수 있을까요? 워싱턴의 무관심으로 인해 언론이 조명한 기회 없지만, 우크라이나와 미국, 그리고 기타 다양한 출처로부터 흘러나온 정보들을 종합해 보면, 분명히 외교적 가능성은 존재했음을 보여 주고 있습니다. 심지어 작년 3월까지만 해도 그러했습니다. 우리는 이미 이와 관련해 여러 차례 논의한 바 있고, 그에 대한 다양한 정황 증거들도 점차 수면 위로 드러나고 있습니다.

그렇다면 평화 회담과 같은 외교적 기회의 여지는 여전히 남아 있을까요? 전쟁이 장기화됨에 따라 각국의 입장은 예상대로 점점 더 강경해지고 있으며, 현재의 우크라이나와 러시아는 단기간 내 화해가 가능해 보이지 않습니다. 그러나 이는 국제 외교의 역사에서 새로운 일은 아닙니다.

핀란드의 두 분석가가 지적하듯이 '정치적 의지만 있다면 평화 회담은 가능하다'는 것이 지금의 핵심입니다. 그들은 협상을 진전시키기 위해 취할 수 있는 단계들을 개략적으로 제시하고 있으며, 정치적 의지가 분명히 존재하는 집단들도 있다고 지적합니다. 그중에는 미국 합참의장과 외교협회의 고위 인사들도 포함됩니다.

하지만 지금까지의 흐름을 보면 외교적 노력은 오히려 사태를 악화시키지 않으려는 방어적 시도로 폄하되거나 왜곡되어 인식되고 있는 실정입니다. 대신 상대방을 악마화하고 비난하는 접근이 더욱 선호되고 있으며, 이와 함께 선과 악의 우주적 대결이라는 과장된 수사도 빈번히 등장하고 있습니다.

이러한 수사 방식은 미국이 과거 세계 각지에서 벌여온 개입을 지켜봐 온 이들에게는 낯설지 않은 풍경입니다. 예컨대, 리처드 닉슨Richard Nixon이 캄보디아를 초토화하던 당시 미국 대중에게 외쳤던 말을 떠올릴 수 있습니다.

> "결정적인 순간에 세계 최강국인 미국이 무기력하고 한심한 거인처럼 행동한다면, 전체주의와 무정부 세력은 세계의 자유 국가들과 자유 제도를 위협하게 될 것이다."

이처럼 반복되어 온 수사는 오늘날에도 여전히 같은 방식으로 되풀이되고 있습니다.

C. J. 폴리크로니우

▮▮▮▮ 푸틴의 우크라이나 침공은 명백히 난관에 봉착했습니다. 하지만 모든 전쟁이 그러하듯, 이번 전쟁 역시 온갖 거짓과 선전이 난무하고 있습니다. 때로는 전혀 근거 없는 주장들까지 등장하는데, 안타깝게도 이러한 주장들이 마치 신뢰할 만한 분석인 양 세계 주요 언론에 실리곤 하죠.

예컨대, 최근 체코 프라하에 본부를 둔 국제 비영리 미디어 연합인《프로젝트 신디케이트Project Syndicate》에 실린 한 글에서는 '러시아는 이번 전쟁에서 패배하고, 군사력을 제거당해야 한다'고 주장했습니다. 그런데 같은 글에서 '서방은 러시아의 패배를 원하지 않는다'고도 말하고 있지요. 더 나아가 이 글은 '서방이 러시아의 침공을 부추긴 책임이 있다'는 시각을 가진 이들을 순진하다고 폄하하면서 당신 노엄 촘스키 역시 그런 인물 중 하나라고 지적합니다.

이와 같은 분석에 대해 어떻게 생각하시는지 궁금합니다. 특히 이 주장이 우크라이나뿐 아니라 동유럽, 발트 3국, 심지어 미국 내에서도 광범위한 공감을 얻고 있다는 점을 고려할 때 이에 대한 당신의 반응을 듣고 싶습니다.

— **노엄 촘스키**

▥ 노골적인 광기에 일일이 대응하며 시간을 낭비할 필요는 없습니다. 지금 이 전쟁은 단지 우크라이나의 파괴에 그치지 않고, 그 영향을 훨씬 너머까지 확산시키는 막대한 피해를 초래하고 있습니다. 하지만 그런 주장들이 전적으로 터무니없다고만은 할 수 없습니다. 그들이 저에 대해 말한 부분, 즉 제가 '서방의 책임'을 지적해 왔다는 점은 사실입니다. 다만 그 점에 대해서는 꼭 덧붙여야 할 것이 있습니다.

제가 견지해 온 입장은 1990년대 이후 거의 모든 주요 역사학자들, 다양한 정치 성향의 정책 전문가들, 강경파를 포함한 전직 관료들, 그리고 러시아에 대한 깊은 이해를 지닌 외교관들까지 폭넓게 공유해 온 관점이라는 사실입니다. 예를 들어, 냉전 전략의 핵심 설계자였던 조지 케넌, 레이건 행정부 시절 러시아 대사였던 잭 매틀록, 부시 정부에서 강경파로 알려졌던 국방장관 로버트 게이츠, 그리고 현직 CIA 국장에 이르기까지 이들 모두가 같은 문제의식을 지니고 있습니다.

사실 러시아 문제를 역사적이고 외교적인 맥락에서 열린 시야와 최소한의 지적 성실성을 가지고 검토할 수 있는 사람이라면 누구나 이 목록에 포함될 수 있습니다. 빌 클린턴이 미하일 고르바초프에게 했던 약속을 어기고 새로운 냉전 질서를 시작한 지 30년이 흘렀습니다. 이 기간의 역사를 진지하게 돌아보는 일은 지금도 충분히 의미가 있습니다. 당시 미국은 러시아에 분명히 약속했습니다.

> "우리는 동유럽 국가들이 안보를 필요로 한다는 점을 잘 알고 있습니다. 이미 나토 회원국인 독일(서독)에 미군이 주둔하고 있으니, 나토의 영향력을 더 동쪽으로 확대하지 않겠습니다."

물론 그런 역사적 사실을 외면하겠다는 사람들은 그렇게 할 자유가 있습니다. 하지만 그 대가는 명확합니다. 지금 벌어지고 있는 사태를 제대로 이해하지 못하게 되고, 더 심각한 미래를 막을 기회마저 잃게 될 것입니다.

C. J. 폴리크로니우

▒ 러시아-우크라이나 전쟁과 관련해 인간 정신의 어두운 단면을 보여 주는 또 하나의 현상이 있습니다. 바로 서구 세계의 다수 논평가와 정책 입안자들 사이에 뿌리내린 인종차별적 시각입니다. 물론 우크라이나에서 탈출한 이들은 유럽 국가들로부터 비교적 따뜻한 환대를 받았습니다. 하지만 동일한 방식의 환대는 박해나 정치적 불안정, 분쟁, 빈곤을 피해 아프리카나 아시아 일부 지역(혹은 미국의 경우 중앙아메리카)에서 도망쳐 온 사람들에게는 전혀 적용되지 않습

니다.

 사실 미국의 이라크 침공과 러시아의 우크라이나 침공은 비교 대상이 될 수 없다고 주장하는 많은 이의 내면에는 인종차별적 사고가 뿌리 깊게 자리하고 있습니다. 그들은 이 두 사건이 전혀 다른 차원에 있는 일이라고 단정 짓죠. 예를 들어, 폴란드의 대표적인 신자유주의 지식인 아담 미흐니크Adam Michnik는 이 두 전쟁 사이의 구분을 인정하지 않는 이들을 '중대한 도덕적 죄'를 저지르는 사람들로 간주합니다. 그리고 그는 그 예시 중 하나로 노엄, 당신을 직접 인용하기도 했습니다. 이러한 종류의 '지적 분석'에 대해 어떻게 보며, 어떤 반응을 갖고 계신지 궁금합니다.

── **노엄 촘스키**

 ▥ 서구의 자기 보호적 버블을 벗어나면 인종차별은 훨씬 더 노골적이고 명확한 언어로 인식됩니다. 이를 잘 보여 주는 예로, 인도의 저명한 작가이자 정치 활동가이며 수필가인 아룬다티 로이Arundhati Roy의 말을 인용할 수 있겠습니다. 그녀는 "우크라이나 전쟁이 어떤 도덕적 교훈을 명확히 제시한다고 보기는 어렵다. 피부색이 갈색이거나 검은 이들이 폭격을 당하거나, '충격과 공포' 전략의 희생양이 되는 건 별문제가 아니지만, 백인들이 같은 일을 겪으면 사정은 완전히 달라진다."라고 말했습니다.

조금 전 언급된 그 '중대한 죄'에 다시 주목해 보죠. 이것은 서구의 고등 문화 전반에서 가장 두드러지는 특징 중 하나이며, 다른 지역들에서도 종종 서구에 충성하는 집단들에 의해 그대로 모방되곤 합니다. 다만 동유럽은 조금 특별한 경우로 볼 필요가 있습니다. 익숙하면서도 분명한 이유로, 동유럽의 엘리트들은 일반적인 기준보다 미국의 선전에 더 쉽게 영향을 받아온 경향이 있습니다. 이 점은 도널드 럼즈펠드가 '구 유럽'과 '신 유럽'을 구분했던 논리의 배경이기도 하죠. 그의 시각에서 '구 유럽'은 미국의 이라크 침공에 동참하지 않은 나쁜 사람들이었습니다. 그들은 국제법과 기본적인 도덕성이라는 그야말로 시대에 뒤떨어진 개념들에 여전히 얽매여 미국의 군사 개입에 협조하지 않았죠. 반면, '신 유럽'은 대부분 과거 소련의 위성국들로 구성되어 있고, 이러한 기준을 굳이 따르지 않아도 된다는 점에서 미국의 입장에 손쉽게 동조하는 '좋은 사람들'로 간주됐던 겁니다.

C. J. 폴리크로니우

▬ 심지어 일부 좌파 지식인들조차도 러시아의 우크라이나 침공과 관련하여 더 강한 나토가 필요하다고 주장하고, 전쟁을 협상으로 끝내서는 안 된다는 입장을 취하고 있습니다. 급진적인 좌파 전통을 따른다고 하는 사람들이 나토 확대를 지지하고, 전쟁이 계속되길 바

란다는 게 말이 될까요? 저는 이해하기가 힘든데요. 이렇게 이상한 좌파의 입장에 대해 어떻게 생각하시나요?

── **노엄 촘스키**

▨ 미국이 이라크와 아프가니스탄을 침공하고, 세르비아와 리비아를 공격했을 때 물론 그때마다 미국은 그럴듯한 명분을 내세우곤 했습니다. 하지만 그 과정에서 바르샤바 조약의 부활을 주장하는 좌파를 저는 본 적이 없습니다. 지금 나토 강화를 주장하는 이들은 과연 나토가 현재 무슨 일을 하고 있으며, 스스로를 어떻게 규정하고 있는지를 다시 한번 되짚어볼 필요가 있습니다.

최근 열린 나토 정상회의는 기존의 북대서양 지역을 넘어 인도-태평양까지 범위를 확장했습니다. 결과적으로 전 세계가 그 영향권에 들어간 셈이죠. 오늘날 나토의 실질적인 역할은 중국과의 전쟁을 준비하는 미국의 전략에 동참하는 것입니다. 이미 이 전쟁은 경제적 전쟁의 형태로 진행되고 있으며, 미국은 자국뿐 아니라 동맹국들까지 동원해 중국의 경제 발전을 억제하는 데 총력을 기울이고 있습니다. 가까운 미래에 군사적 충돌로 이어질 가능성도 엿보이고 있습니다. 다시 말해 궁극적인 전쟁이죠.

우리는 이미 이 문제에 대해 여러 차례 논의한 바 있습니다.

현재 유럽, 한국, 일본이 중국의 주요 수출 시장이라는 사실을 알면서도, 워싱턴의 요구에 따라 중국에 대한 기술 제공을 중단하고 있는 상황입니다. 그와 동시에 이들 국가는 심각한 경제 침체를 어떻게 피할 것인가를 두고 고심하고 있으며, 이러한 맥락 속에서 새로운 움직임들이 나타나고 있습니다.

또 하나 주목할 만한 점은 나토가 자랑스럽게 구축하고 있는 자화상을 보는 것도 상당히 흥미로운 일입니다. 한 가지 교훈적인 예는 미 해군의 최신 군함인 강습상륙함 'USS 팔루자'입니다. 이 함정은 2004년 이라크 침공 당시 가장 잔혹한 범죄 중 하나로 꼽히는 팔루자에 대한 두 차례의 미 해병대 공격을 기념하기 위해 명명된 것입니다. 제국주의 국가들이 자신들의 범죄를 무시하거나 정당화하려는 경향은 역사적으로 흔한 일입니다. 그러나 그 범죄를 공식적으로 기념하고 축하하는 것은 이례적이며 우려스러운 현상이 아닐 수 없습니다.

미국의 이러한 행동을 이라크인을 비롯한 다른 나라 사람들은 결코 호의적으로 바라보지 않습니다. USS 팔루자호의 취역을 두고 성찰하며, 이라크 기자 나빌 살리는 한 축구장을 가리켜 '순교자 묘지로 알려진 곳'이라고 표현합니다. 그곳은 한때 포위되었던 도시 팔루자에서 미국의 반복적인 공습으로 학살당한 여성과 어린이들이 묻힌 장소입니다. 오늘날 이라크에서는 어린이 놀이터조차도 슬픔과 상실을 기리는 장소가 되었습니다. 전쟁은 팔루자에 고농도 우라늄과 백린탄을 퍼부었고 그 피해는 지금도 이어지고 있습니다. "하지만 미국의 잔혹함은 거기서 끝나지 않았다." 살리는 이렇게 말을 이으며, 그 뒤에 이어질 이야기의 무게를 암시합니다.

"20년이 지나고 헤아릴 수 없는 선천적 기형이 발생한 후, 미 해군은 자신들의 군함 중 하나에 'USS 팔루자'라는 이름을 붙였다. 이것이 바로 미국 제국이 이라크인들에 대한 전쟁을 지속하는 방식이다. '팔루자'라는 이름조차 전쟁의 전리품이 되어버렸다. 수 세대에 걸쳐 이라크 여성들의 자궁에 새겨진 백린탄의 상처와 함께 말이다. '특별한 역경 속에서'라는 군함의 팔루자라는 명명 배경을 설명하는 공식 성명서는 이렇게 말한다. '해병대는 도시 지역 방어의 모든 이점을 누리던 결연한 적에 맞서 승리했다!'

하지만 그들이 남긴 것은 무엇인가? 가족들의 으스스한 부재, 폭격으로 사라진 집들, 미소 짓던 얼굴들과 함께 불타 버린 사진들뿐이다. 그 자리를 대신한 것은 다우닝가(영국 총리실)와 워싱턴 벨트웨이(미국 권력의 중심지)의 처벌받지 않은 전범들이 우리에게 남겨준 종파를 초월한 약탈 연대의 이름을 가진 치명적으로 부패한 체제였다."

또한 이라크 기자 나빌 살리는 독일 철학자 발터 벤야민Walter Benjamin이 『역사의 개념에 대하여』에서 남긴 "승리를 거둔 자는 오늘날까지도 승리의 행진에 참여하고 있으며, 그 행진에서 현재의 지배자들은 땅에 쓰러진 자들을 밟고 지나간다."라는 문장을 인용합니다. 그러면서 그는 이렇게 결론지었죠.

"이와 같은 역사 수정주의를 통해 미국은 우리 죽은 자들에게 또 한 번의 공격을 가한 셈이다. 벤야민은 우리에게 경고했다. '적이 승리하면, 죽은 자들조차도 안전하지 못할 것이다.' 그리고 지금, 적은 승리했다."

그것이야말로 나토의 진짜 얼굴이며, 수많은 희생자가 이를 증언할 수 있습니다. 하지만 이라크인들이나 그들과 같은 유색인종들은 무엇을 알까요? '진실'을 알고 싶다면, 가장 저급한 미국식 선전을 충실히 되풀이하는 한 폴란드 작가를 보면 됩니다. 그는 자국의 관료들과 마찬가지로, 미국의 논리를 아무런 비판 없이 되풀이하고 있을 뿐입니다.

그래도 공정하게 말하자면 학살이 벌어졌던 당시 미국 언론

이 이 사태를 보도한 적은 있습니다. 이에 관해서는 2018년 호주의 언론인 존 메나듀John Menadue가 발표한 보도 내용을 집대성한 냉정하고 가혹한 기록을 인용하는 것이 가장 적절한 설명이 될 것입니다.

2004년 10월 16일, 《워싱턴 포스트》는 다음과 같이 보도했습니다. "목요일 밤 새로운 폭격 공습이 시작되자마자 도시의 전기와 수도 공급이 차단되었다. 이는 미군이 나자프와 사마라 공격을 시작할 때도 취했던 조치였다." 또한 적십자와 기타 구호 단체들은 가장 기본적인 인도적 지원인 물, 식량, 응급 의료 물품을 민간인들에게 전달하는 것조차 허용되지 않았습니다. 11월 7일 자 《뉴욕타임스》 1면 기사에는 연합군이 팔루자의 유일한 병원을 점령하며 지상 작전을 개시했다고 상세히 보도했습니다. "무장 군인들이 환자들과 병원 직원들을 병실에서 급히 내보내 바닥에 앉히거나 눕게 한 뒤 손을 등 뒤로 묶었다." 이어지는 기사에서는 병원 공격의 배경도 밝혀졌습니다. "이번 공세로 인해 장교들이 무장세력의 선전 무기라고 말한 팔루자 종합병원이 폐쇄되었고, 이로써 민간인 사상자 보고가 중단되었다." 이 과정에서 도시 내 두 개의 의료 클리닉도 폭격으로 완전히 파괴되었습니다.

2005년 11월 《뉴욕타임스》는 '백린탄 사용을 비판하는 사설'

에서 다음과 같이 설명했습니다. "포탄에 장착된 백린은 전장 위에서 폭발하며 적의 위치를 밝히는 하얀 섬광을 발한다. 또한 불타는 화학물질 덩어리들이 비처럼 쏟아져 닿는 모든 것에 달라붙어 산소 공급이 차단될 때까지 계속 타오른다. 인체 내에서는 수 시간 동안 연소될 수 있다."

2004년 11월 초, 《뉴욕타임스》가 팔루자 주요 병원에 대한 공격을 보도하던 시기, 《네이션Nation》은 다음과 같은 내용을 전했습니다. "미군이 팔루자 보건소를 공격해 수십 명의 환자를 사망하게 했고, 민간인들에게 제공되던 의료 서비스와 식량, 식수 공급이 모두 차단됐다."

BBC 역시 같은 해 11월 11일 다음과 같이 보도했습니다. "물과 전기가 끊겨, 우리는 완전히 고립된 느낌이다. 거리에는 여성과 아이들의 시신이 널브러져 있고, 사람들은 굶주림으로 점점 쇠약해지고 있다. 도시에는 의료 지원이 전무하여 많은 이가 부상으로 숨지고 있다."

2004년 11월 14일 자 《가디언》은 이렇게 전했습니다. "미군의 정밀 타격이라는 주장이 거짓으로 드러나면서 도시에 남아있던 사람들이 처한 끔찍한 상황이 지난 24시간 동안 속속 드러나기 시작했다. 도시는 며칠째 전기와 물 공급이 완전히 끊긴 상태다."

이것이 바로 나토의 진짜 모습입니다. 세상을 제대로 이해하고자 하는 이들에게 제가 강조하고 싶은 것은 이제 서로를 향해 '그쪽이야말로 더 끔찍하다'는 식의 비난을 주고받는 논쟁은 멈춰야 한다는 점입니다. 지금의 고위 정책 입안자들의 입장에 따르면, 우크라이나 침공이라는 새로운 히틀러의 등장과 미국과 영국의 '선의의 인도주의 작전'을 비교하는 것은 터무니없는 일입니다.

그들이 말하는 바는 이렇습니다. 이라크인들을 돕기 위해 악랄한 독재자를 제거하려는 고귀한 의도였다는 것이죠. 하지만 간과되고 있는 사실이 있습니다. 그 독재자가 자행한 가장 끔찍한 범죄들조차 미국은 오랫동안 열렬히 지지해 왔다는 것입니다. 그리고 이러한 현실적인 비판은 그들 기준으로 보자면 지식인이 논의해서는 안 될 주제입니다.

그럼에도 우리는 공정해야 합니다. 이라크에서의 미국의 역할에 대해 의문을 제기하는 것이 무례하거나 부적절하다고 생각하지 않는 사람들도 존재합니다. 가장 최근의 사례로 하버드 대학교 케네디 스쿨이 국제적인 비정부기구 단체인 인권감시Human Rights Watch의 전 이사 케네스 로스의 초빙을 거부했다가 비판 여론에 밀려 해당 결정을 철회한 일이 큰 논란이 되었습니다. 로스는 인권 전문가로서 높은 평가를 받아왔으며, 심지어 유명한 인권 운동가 사만다 파워가 주재한 토론에서 이라크 침공이 인도주의적 개입이 될 수 있느냐는 질문에 분명히 반대 입장을 밝혔습니다. 반면, 카 인권센터의 소장 마이클 이그나티에프는 그것이 인도주의적 개입이라고 강하게 주장했죠.

우리는 얼마나 운이 좋은 걸까요. 지적 세계의 최정점에서 우리 사회는 너무나도 '자유롭고 개방적'이어서 이라크 침공이 인도주의적 행동이었는지 아닌지를 놓고 토론까지 할 수 있으니 말이죠. 규율 없는 비평가들은 아마 이렇게 물을지도 모릅니다.

"만약 모스크바 대학교에서 이와 비슷한 일이 벌어졌다면, 우리는 과연 어떤 반응을 보였을까요?"

* 노엄 촘스키 *

역사적 나토 정상회담, 미 군사 패권 더욱 강화

2022년 7월 6일

C. J. 폴리크로니우

▨ 예상했던 대로 우크라이나 전쟁은 최근 마드리드에서 열린 나토 정상회의의 핵심 의제로 떠올랐고, 이는 유럽의 '나토화'를 한층 더 가속화할 몇 가지 중대한 결정을 이끌어 냈습니다. 이번 회의에서 러시아는 나토 회원국들의 평화와 안보에 대한 '가장 중대한 직접적 위협'으로 공식 선언되었고, 튀르키예는 핀란드와 스웨덴의 나토 가입에 반대하던 입장을 철회하면서 두 나라로부터 자국의 조건을 상당 부분 관철시키는 데 성공했습니다. 나토의 동부 전선은 대규모로 증강될 예정이며, 추가적인 방어 체계가 독일, 이탈리아 등 유럽

전역에 배치됩니다. 미국 또한 유럽 내 군사 주둔을 더욱 강화할 계획을 밝혔습니다. 이러한 상황을 고려할 때, 우리가 진정 물어야 할 질문은 다음과 같습니다.

실제로 위협을 가하고 있는 주체는 누구인가요? 러시아가 유럽에 위협을 가하고 있는 것인가요, 아니면 나토가 러시아에 위협을 가하고 있는 것일까요? 그리고 점점 더 확대되는 유럽의 '나토화'는 세계 평화와 안보에 어떤 의미를 지니나요? 이것이 결국 제3차 세계대전의 서막으로 이어질 수도 있다고 보십니까?

── **노엄 촘스키**

▦ 우리는 고귀한 원칙과 목표에 대한 의무적인 수사, 그리고 그 이면에 감춰진 위선을 진지하게 받아들여서는 안 됩니다. 예를 들어, 러시아와 중국의 방해로 인해 군비 통제 체제가 위험에 처했다고 한탄하는 말이 있지만, 사실 그 체제를 파괴한 주범은 바로 부시 대통령과 특히 트럼프 대통령 임기 동안의 미국이라는 점은 언급되지 않습니다. 이러한 사실들이 나토의 이른바 '역사적' 전략 개념 발표에서 전혀 언급되지 않았다는 것은 사실 놀라운 일도 아닙니다.

우크라이나 전쟁은 실제로 나토 주요국들의 회담에 배경을 제공했습니다. 아이러니하게도 이는 핵무기금지조약에 서명한 국가들의 첫 회의가 끝난 직후였고 그 회의는 아무런 주목도 받지 못한 채 지나갔죠. 이번 나토 정상회의에서는 또 한 가지 중대한 변화가 있었습니다. 미국이 중국 포위를 목적으로 무장을 지원해 온 아시아의 '전초기지 국가들'이 처음으로 나토 회의에 참석한 것입니다.

이로써 나토는 명목상 북대서양을 넘어 새롭게 규정된 인도-태평양 지역까지 그 활동 범위를 공식적으로 확장하게 되었죠. 이제 나토의 대서양 중심 국가들이 이 광활한 지역에서 '안보'를 논하고 개입할 명분을 자처하고 있으니, 그 안에 담긴 제국주의적 함의는 굳이 길게 설명하지 않아도 자명할 것입니다. 이 문제에 대해 할 이야기는 많지만, 다음 기회로 미루겠습니다.

나토가 발표한 전략 개념은 미국의 우크라이나 및 러시아에 대한 정책 방향을 분명하게 드러냈습니다. 협상은 선택지에서 배제되었고 러시아를 약화시키기 위한 전쟁만이 유일한 대응책으로 제시된 것이죠. 사실 우크라이나의 나토 가입은 2008년 조지 W. 부시의 제안 이후 미국의 일관된 입장이었지만, 프랑스와 독일은 이를 거부했습니다. 왜냐하면 지난 30년 동안 미국의 고위 외교관들조차도 '어떤 러시아 정부라도 그러한 움직임을 받아들일 수 없을 것'이라고 봤기 때문이죠. 그 이유는 너무도 명확해요. 하지만 미국의 영향력을 의식한 탓에 이 제안은 여전히 국제 논의의 테이블 위에 남아 있습니다.

2014년 마이단 혁명 이후, 미국은 우크라이나를 나토의 군사 체계로 끌어들이기 위한 행보를 노골적으로 시작했습니다. 바이든 정부에 들어서 그 흐름은 더욱 강화되었고, 전쟁이 발발한 이후에는 러시아의 안보 우려, 즉 나토 확대 문제가 전혀 고려되지 않았다는 사실까지 공식적으로 드러났죠. 이 모든 과정은 비밀도 아니었습니다. 궁극적 목표는 명확합니다. 우크라이나 군을 나토군과 완벽히 호환되도록 만들어 사실상 나토 국가로 만들어 버리는 것이죠.

지난해 3월, 젤렌스키가 오스트리아식 중립화를 무기한 수용하겠다는 제안을 포함해 시도한 외교적 해결 노력은 사실상 외면당했습니다. 이 제안에는 러시아 측의 긍정적인 신호도 있었으며, 유엔 사무총장 안토니우 구테흐스는 이를 '실질적인 돌파구'라고 평가하기도 했습니다. 그러나 결국 그 제안은 실행으로 이어지지 못했습니다.

2022년 3월 당시 러시아의 공식 입장은 우크라이나가 '군사 행동을 중단하고, 헌법을 개정하여 중립국 지위를 명문화하며, 크림반도를 러시아 영토로 인정하고, 도네츠크와 루한스크의 분리 공화국들을 독립 국가로 승인할 경우' 자신들도 군사 작전을 종료하겠다는 것이었습니다.

우크라이나와 러시아 간의 외교적 해결을 둘러싼 입장 차이는 분명 컸지만, 협상을 통해 그 간극을 좁힐 여지는 있었을지도 모릅니다. 침공 이후에도 참혹한 상황을 멈출 수 있는 어떤 길은 여전히 열려 있었던 것으로 보입니다.

프랑스와 독일은 한동안 외교적 해결을 위한 제안들을 꾸준히 내놓았지만, 최근 발표된 나토의 전략 개념에서는 그러한 움직임이 완전히 자취를 감추었습니다. 이 전략 문서는 단지 우크라이나(및 조지아)의 나토 가입을 향한 모든 계획을 '재확인'하는 데 그쳤으며, 러시아의 안보 우려는 공식적으로 일축되고 말았습니다. 이러한 유럽의 입장 변화는 유럽이 점차 미국에 종속되고 있음을 분명히 보여 줍니다. 이 흐름은 푸틴이 외교적 제안을 무시하고 침공을 택함으로써 더욱 가속화되었죠.

그 제안은 아마도 범죄를 방지하고, 유럽과 러시아 간의 협력을 위한 새로운 길을 열며, 우크라이나는 물론 강대국 간의 갈등 속에 생존 자체가 위협받을 수 있는 전 세계 모든 이에게 실질적인 이익을 가져다줄 수도 있었을 것입니다.

"강대국들이 협력하지 않으면 인류의 미래는 암담할 것이다."라는 말은 결코 수사적인 경고가 아닙니다. 그것은 냉혹한 현실입니다. 다가오는 전 지구적 위협들에 맞서기 위해 강대국들은 반드시 협력하고, 공동 대응의 방법을 모색해야만 합니다. 그렇지 않다면 인류의 미래는 상상조차 하기 어려울 만큼 어두운 방향으로 흘러갈 수밖에 없습니다. 이처럼 근본적인 사실은 우리가 어떤 개별 사안을 논의하더라도 항상 염두에 두어야 할 출발점입니다.

우리는 나토의 새로운 전략 개념이 담고 있는 의미를 명확히 이해할 필요가 있습니다. 미국이 우크라이나를 사실상 나토에 편입시키겠다는 계획을 재확인했다는 것은 외교적 해결 가능성을 배제하겠다는 입장을 다시금 분명히 한 것에 다름 아닙니다. 이는 또한 몇 주 전 람슈타인 회의에서 발표된 선언, 즉 우크라이나 전쟁은 러시아를 약화시키기 위해 계속되어야 한다는 입장을 다시 확인하는 것이기도 합니다. 그리고 그 의미는 결코 가볍지 않습니다.

만약 미국 고위 관계자들의 발언이 사실이라면, 이는 제1차 세계대전 후 베르사유 조약이 독일을 약화시켰던 수준을 넘어서 러시아를 훨씬 더 근본적으로 약화시키겠다는 뜻으로 해석될 수 있습니다. 그리고 그러한 메시지를 적대국들이 그대로 받아들일 것이라는 점도 분명합니다.

람슈타인 선언은 우크라이나가 모든 자국 영토에서 러시아를 몰아낼 것이라는 확약을 내걸었습니다. 그러나 이 보장의 현실성을 평가하려면, 우리는 과거의 몇 가지 사례를 떠올려야 합니다. 예컨대, 미국은 이라크와 아프가니스탄에서 미군이 창설한 군대가 이슬람국가ISIS와 탈레반의 세력을 저지할 수 있을 것이라 확신했지만, 실제로는 그 군대들이 거의 즉시 붕괴하고 말았습니다. 또한 전쟁 초기 많은 분석가는 러시아가 불과 사흘 만에 키이우를 점령하고 우크라이나 전체를 장악할 것이라 예측했지만 결과는 전혀 그렇지 않았습니다.

러시아에 보내는 메시지는 결국 이렇게 들릴 것입니다.

"당신들에게는 도망칠 길이 없소. 항복하든지, 아니면 지금처럼 느리고 잔혹한 방식으로 진격을 계속하든지, 혹은 패배가 임박했다고 판단되면 모든 것을 걸고 우크라이나를 파괴하시오. 당신들은 당연히 그렇게 할 수 있소."

이 논리의 구조는 매우 명확합니다. 그리고 그 파장은 우크라이나를 넘어 전 세계로 확산될 것입니다. 수백만 명이 기아에 직면하게 될 것이고, 세계는 환경 파괴라는 재앙을 향해 한 걸음 더 나아갈 것이며, 핵전쟁의 가능성 역시 점점 더 현실적인 위협으로 다가올 것입니다. 하지만 이 모든 우려를 감수하더라도 우리는 러시아가 다시는 침략을 감행하지 못하도록 철저히 처벌해야 한다는 믿음 아래 이 길을 가고 있는 것입니다. 그러나 이 시점에서 우리는 너무도 당연하게 받아들여지고 있는 하나의 전제를 잠시 멈춰 돌아볼 필요가 있습니다.

그 전제란 '러시아는 앞으로도 계속 침략을 감행할 것이며,

따라서 지금 당장 막지 않으면 안 된다'는 것입니다. 1938년 뮌헨의 교훈을 상기시키며 제시되는 이 논리는 이제 마치 논쟁이나 의문조차 허용되지 않는 '절대 진리'처럼 간주되고 있습니다.

하지만 지금처럼 너무 많은 것이 걸린 상황에서는 그 진리에 잠시라도 의문을 던지는 일이 무례하거나 위험한 일로 여겨지지 않기를 바랍니다. 문제는 그처럼 중대한 전제를 입증하려는 진지한 시도조차 거의 없었다는 점입니다. 그나마 상대적으로 신뢰할 만한 해석 중 하나는 미국의 권위 있는 싱크탱크인 대서양협의회 산하 '우크라이나 경보' 서비스를 운영하는 피터 디킨슨Peter Dickinson 주장입니다.

"푸틴은 현대 우크라이나의 영토가 역사적으로 러시아의 땅이었다는 사실을 숨긴 적이 없다. 그는 수년간 우크라이나가 독립국으로 존재할 권리를 부정해 왔으며, 모든 우크라이나인은 사실상 러시아인('하나의 민족')이라고 주장해 왔다. 진짜 문제는 푸틴의 정의에 따라 다음 차례가 될 수 있는 다른 주권 국가들이 어디냐는 점이다. 그는 최근, 옛 소련 전체가 역사적으로 러시아 영토였다고 언급해 우려의 신호를 울렸다.

푸틴의 '러시아 영토 회복' 야욕이 비非러시아계 옛 소련 구성국 14개국에만 국한되는 것인지도 불분명하다. 과거 제국 러시아는 핀란드와 폴란드를 지배한 적이 있고, 제2차 세계대전 이후 소련 제국은 중부유럽 깊숙이 동독까지 포함하는 지역을 통치했다. 한 가지는 분명하다. 우크라이나에서 그를 막지 못한다면, 푸틴의 제국주의적 야욕은 반드시 더 확장될 것이다."

디킨슨의 이 주장은 명쾌하며, 별도의 논증이 필요 없어 보입니다. 관련 기사에 따르면 모든 증거는 이미 제시되어 있으며, 그의 결론은 강력하게 뒷받침되고 있는 듯합니다. 하지만 여기서 또 다른 문제가 발생합니다. 그 기사에 직접 들어가 내용을 살펴보면, 푸틴이 실제로는 사람들이 경악하거나 경고등을 켤 만한 발언을 전혀 하지 않았다는 사실을 확인할 수 있습니다.

오히려 그는 그와 정반대되는 말들을 하고 있었던 것이죠. 푸틴은 '옛 소련은 더 이상 존재하지 않는다'고 말했고, '최근 역사에서 우리는 소련 해체 이후 독립한 나라들의 주권을 존중해 왔다'고 강조했습니다. 그리고 우크라이나에 대해서도 이렇게 언급했습니다.

"우리가 우호적인 관계, 최소한 파트너십만 유지했어도

누가 무력을 쓰자고 생각하지도 않았을 것이다. 그리고 크림반도 문제도 없었을 것이다. 그곳에 사는 러시아계 주민들의 권리, 러시아 언어와 문화가 존중받았더라면 이런 사태는 애초에 시작되지도 않았을 것이다."

디킨슨이 제시한 '근거'는 사실상 이 정도입니다. 그리고 푸틴의 제국 야망이 우크라이나를 넘어서 확대될 거라는 주장에 힘을 실으려는 사람들이 마지막으로 내세우는 건, 푸틴이 러시아 제국을 확장한 옛 황제 표트르 대제에 대해 애매하게 한 말뿐인데, 그게 과연 근거가 될 만한지는 의문입니다.

그리고 그것이 과연 정책적 위협을 입증할 근거로 충분한가 하는 데는 의문이 남습니다. 이 문제는 결코 사소한 것이 아닙니다. 오늘날 서방의 지도자들은 푸틴을 옛 제국의 영토를 되찾으려는 야망에 사로잡힌 인물로 묘사하고, 만약 그를 우크라이나에서 막지 못하면 그 야욕은 유럽 전체로 확장될 것이라고 경고합니다. 그리고 바로 이 논리를 근거로 우리는 전쟁을 멈추지 말아야 한다고 주장합니다. 그렇게 해서 러시아를 약화하고, 우크라이나 너머로는 수백만 명이 굶주림에 내몰리는 상황이 벌어지더라도 말입니다. 우리는 그 와중에도 승리를 향해 나아가야 하며, 그 결과 지구가 살기 어려운 곳이 되든, 핵전쟁의 위험이 점점 더 커지든 그것은 감수해야 한다는 것이죠.

그렇다면 정말로 이렇게 엄청난 위험을 감수해야 할 만큼 푸틴의 제국 야욕이 '명백하다'고 주장하는 확실한 근거가 있다면 그것을 듣고 싶습니다. 하지만 푸틴이 실제로 한 발언들은 과장되게 해석된 주장들과는 달리, 역사적·외교적 맥락과 일관성을 보입니다. 이는 앞서 인용한 러시아의 우크라이나 침공 이후 공식 입장뿐 아니라 훨씬 이전의 기록들과도 일맥상통합니다.

지난 30년간 갈등의 핵심은 우크라이나의 나토 가입 문제였습니다. 이 사안이 얼마나 민감한지는 미국의 고위 관료들도 잘 알고 있고, 미국 정부가 해 온 나토 확장을 위한 무모하고 자극적인 행동들에 대해 경고해 온 바 있죠. 워싱턴과 가까운 러시아 외교 관료들 역시 이 문제의 심각성을 충분히 인식하고 있습니다. 예컨대, 빌 클린턴 대통령과 가까웠던 보리스 옐친은 소련 해체 당시 미하일 고르바초프에게 나토를 확장하지 않겠다고 약속해 놓고 그 약속을 저버리자 강하게 반발했습니다. 고르바초프 본인 역시 나토 확장에 대해 유럽 안보 체계를 위협하는 행위라고 비판하며, '크렘린의 어느 지도자도 이런 상황을 가만히 보고만 있을 수는 없다'고 경고했습니다. 그는 또한 미국이 '거대한 제국'을 건설하려는 길을 가고 있다는 우려를 표명했으며, 이러한 입장은 오늘날 푸틴을 비롯한 러시아

지도자들이 반복해서 언급하는 주장들과 그대로 맞닿아 있습니다.

저는 우크라이나와 조지아를 제외한 다른 국가에 대한 러시아의 침공 계획이 언급된 사례를 본 적이 없습니다. 현재까지 인용된 러시아의 '위협'은 단 하나, 즉 나토가 러시아 국경까지 접근할 경우, 자국의 방어 능력을 강화하겠다는 입장뿐입니다. 특히 우크라이나와 관련해서는 푸틴은 최근까지도 민스크 II 협정의 이행을 공개적으로 촉구해 왔습니다. 즉, 우크라이나를 중립화하고, 돈바스 지역에 일정한 자치권을 부여하는 연방제 형태의 협정이죠. 물론 강대국들이 국제 무대에서 강경한 태도를 취하는 것 자체는 이해할 수 있는 일입니다. 그러나 실질적으로 외교적 해결책을 원한다면, 그들의 공식적인 입장을 바탕으로 대화가 이루어져야 한다는 점이 중요합니다. 왜냐하면, 그들의 공식적인 입장이 바로 외교적 협상과 해결의 출발점이 되기 때문입니다.

크림반도에 대해 러시아는 자국의 유일한 따뜻한 해상 군사기지를 잃을 위기에 처할 때까지 어떤 조치도 취하지 않았습니다. 이 배경에 대해서는 소련 붕괴 이후 우크라이나 문제를 다룬 유럽안보협력기구OSCE 대표단에서 미국 국무부 대표로 활동한 국제법 전문가 존 퀴글리John Quigley는 다음과 같이 설명합니다.

"1954년 이후에도 크림반도는 사실상 키이우보다 모스크바의 지배를 더 많이 받아왔다. 소련이 붕괴하면서 크림반도의 주민들은 갑자기 외국(우크라이나)에 속한 소수민족이 되어버렸다.

우크라이나 정부는 일정 수준의 자치권 필요성을 인정하긴 했지만, 크림은 '크림공화국'을 자처하며 독립을 선언했다. 우크라이나의 반대에도 불구하고 크림공화국은 대통령 선거를 강행했고, 러시아와의 통합을 공약으로 내세운 후보가 당선되었다. 하지만 그 당시 러시아 정부는 크림인들의 움직임을 지지할 준비가 되어 있지 않았다."

퀴글리는 우크라이나-크림반도 조약 아래에서 크림반도의 자치를 보장하고, 국제적 보증을 통해 크림반도가 우크라이나의 침해로부터 보호받을 수 있는 타협안을 모색했습니다. 그러나 이 조약은 결국 아무런 진전을 보지 못했죠. 우크라이나 정부는 크림공화국에 대한 통제를 점점 강화했고, 갈등은 해결되지 않은 채 장기화되었습니다. 긴장은 2014년까지 지속적으로 고조되었고, 그 시점에서 러시아는 크림반도를 되찾을 준비를 마쳤습니다. 그 결과 크림은 공식적으로 러시아 연방에 병합되었습니다.

이처럼 러시아의 개입은 미국 내 일부에서 묘사되듯 '아무런 자극 없이 일방적으로 벌어진 침공'으로 보기 어렵습니다. 많은 이가 이 지역에 대해 잘 알고 있듯이 퀴글리는 이제 외교적인 해결책을 촉구하며, 현재 미국의 목표가 '러시아를 우크라이나에서 쫓아내는 것보다는 우크라이나인의 마지막 한 명까지 희생시키며 러시아와 싸우는 것 아닌가'라는 의문을 제기하고 있습니다.

푸틴의 야망이라는 문제를 차치하더라도 한 가지 작은 문제가 있습니다. 서방 국가들은 마치 푸틴을 새로운 표트르 대제처럼 묘사하며 공포에 휩싸인 듯 행동하고 있지만, 정작 러시아가 키이우 공격에서 명백한 실패를 겪으면서, 그들이 품고 있었던 러시아 군사력에 대한 확고한 믿음이 얼마나 쉽게 무너졌는지를 스스로 드러냈습니다.

미국 정보기관은 러시아가 며칠 내에 우크라이나를 장악할 것이라고 예측했지만, 실제 상황은 완전히 달랐습니다. 우크라이나의 끈질긴 저항은 러시아가 자국 국경에서 불과 몇 마일 떨어진 도시조차도 시민군 중심의 방어를 뚫고 점령하지 못한다는 사실을 명확히 보여 주었습니다.

그러나 이런 현실은 중요하지 않습니다. '새로운 표트르 대제' 푸틴은 여전히 전진 중이라는 서사가 굳건히 유지되고 있으니까요. 푸틴의 실제 의도나 공식적인 외교 제안에 대한 구체적 증거가 부족하다는 점, 그리고 그의 군사력조차 그리 위협적이지 않다는 점 역시 이른바 '근본적인 진리' 앞에서는 아무런 의미를 갖지 못합니다.

지금 우리가 목격하고 있는 일은 결코 새로운 현상이 아닙니다. 러시아의 악당들이 세계를 정복하고 문명을 파괴하려 한다는 이야기는 지난 75년 동안 공식적인 발언과 그것을 따르는 해석에서 흔히 등장한 주제였습니다. 1950년에 작성된 중요한 내부 문서인 NSC-68의 내용은 그 예시로, 그 안에서 러시아를 묘사한 방식은 유치하다 못해 거의 어린애 수준의 과장된 상상에 가까웠습니다.

이러한 접근 방식은 때때로 정부 내부에서조차 정당화되고 인정받기도 했습니다. 냉전 초기의 핵심 인물 중 하나였던 딘 애치슨은 정부가 엘리트의 계획에 따라 대중을 복종시키기 위해서는 '진실을 넘어서 더욱 과장된 서사'가 필요하다고 인정했습니다. 그가 말한 바로 그 예시가 NSC-68 같은 문서였죠. 애치슨은 사실상 NSC-68의 목적은 '대중의 마음을 굴복시키기 위한 강력한 메시지를 전달하는 데 있었다'고 시사했습니다.

학계에서도 간헐적으로 이러한 현실을 지적해 왔습니다. 하버드대학교 정치학 교수이자, 오랫동안 미국 정부에 자문을 제공해 온 새뮤얼 헌팅턴Samuel Huntington은 다음과 같이 말한 바 있습니다.

> "군사 개입이나 전쟁을 추진할 때, 실제 이유와는 달리 마치 소련과 싸우는 것처럼 국민들에게 오해를 불러일으켜야 할 수도 있다. 미국은 트루먼 독트린 이후 줄곧 이런 식으로 행동해 왔다."

지금 벌어지고 있는 방식도 다르지 않습니다. 미국은 전 세계를 무대로 움직이는 초강대국이며, 그 전략 역시 지역 단위가 아니라 국가 단위로 설계됩니다. 하나의 지역에서 발생하는 사건은 결코 고립된 현상이 아니라 사실상 다른 지역에서도 유사한 방식으로 반복되고 있는 더 큰 전략의 일부입니다. 그럼에도 우리는 종종 눈앞의 한 지역에서 벌어진 사건에만 집중한 나머지, 그 일이 전 세계적으로 엮인 복합적인 전략의 일부에 불과하다는 사실을 간과하곤 합니다.

제2차 세계대전 이후, 미국은 영국으로부터 세계 패권의 지위를 물려받았습니다. 그리고 영국이 유지해 온 지배적인 지정학적 개념을 계승하면서도, 더욱 강력한 패권국가로서 그 전략을 훨씬 더 광범위하게 확장해 나갔습니다. 영국은 유럽 대륙에서 떨어진 섬나라였고, 영국 제국의 핵심 전략 중 하나는 적대적인 유럽이 통합되는 것을 저지하는 것이었습니다.

미국이 영향력을 행사하는 주요 무대는 서반구입니다. 이곳은 유라시아 대륙과는 또 다른 하나의 '섬'처럼 간주되며, 미국은 이 지역을 기반으로 훨씬 더 큰 제국적 목표, 혹은 좀 더 완곡하게 표현하자면 '책임'을 추구하고 있습니다.

따라서 미국은 이 지역을 사방에서 통제해야 할 전략적 필요를 가지고 있으며, 북극을 포함한 북방 지역은 기후 변화로 인해 자원 개발과 상업 활동의 새로운 갈등 지대로 부상하고 있죠.

이러한 맥락에서 나토를 중심으로 한 대서양주의 체계는 서방 세계의 방어선 역할을 하며, 푸틴의 군사적 행동은 아이러니하게도 이 방어선을 오히려 워싱턴의 손에 더욱 굳건히 쥐여주는 결과를 초래했습니다. 결국 푸틴의 침공이 미국과 나토의 영향력 강화로 이어진 셈입니다.

나토는 새로운 전략 개념에 따라 유라시아 대륙 동쪽에서도 유사한 움직임을 보이고 있으며, 이제 인도-태평양 지역으로 영향력을 확장하고 있습니다. 특히 중국 주변의 섬나라들 일본, 호주, 한국, 뉴질랜드와의 협력 관계를 한층 강화하고 있죠. 이들 국가를 나토 정상 회의에 초청하는 것에 그치지 않고, 더욱 중요한 사실은 이들이 현재 미국의 양당 전략의 핵심축인 '중국 포위 전략'에 적극적으로 참여하고 있다는 점입니다.

미국은 유럽에서는 나토 정상회의를 통해 유라시아 서쪽에서 영향력을 강화하는 동시에, 동쪽에서는 림팩RIMPAC 훈련을 통해 아시아·태평양 지역에서도 유사한 행보를 이어가고 있습니다. 미 해군이 주도하는 림팩 훈련은 세계 최대 규모의 해상·공중·지상 합동 군사 훈련으로 호주의 정치학자 개번 매코맥은 이를 '전 세계에서 가장 방대한 전쟁 시뮬레이션'이라 표현한 바 있습니다. 이 훈련에는 26개국이 참여하고, 238척의 함정, 170대의 항공기, 4척의 잠수함, 약 2만 5천 명의 병력이 투입됩니다. 중국의 입장에서는 이러한 훈련이 자국을 겨냥한 일종의 '아시아판 나토 구상'으로 보일 수밖에 없습니다. 실제로 훈련에는 가상의 적과의 전투, 목표물 타격, 하와이 지역에서의 상륙 작전 등이 포함돼 있습니다.

미국은 중국의 배타적 경제 수역EEZ 인근에서 정기적으로 해군 작전을 수행하고 있으며, 이를 '무해한 통과'라고 주장합니다. 이는 '항행의 자유' 원칙에 기반한 것으로, 중국이 이에 항의하면 미국은 인도나 인도네시아의 유사한 항의에도 동일한 논리로 자신들의 항행을 정당화해 왔다고 맞서죠. 미국은 이러한 입장을 국제 해양법에 근거하고 있다고 강조하지만, 아이러니하게도 그 법은 배타적 경제 수역 내에서 무력의 위협이나 사용을 명확히 금지하고 있습니다.

한편, 미국과 긴밀히 공조하는 동맹국인 호주는 미국과의 협의를 통해 중국 배타적 경제 수역 해역에 고성능 감시·탐지 장비를 설치하고 있습니다. 이는 전쟁 발발 시 미국이 중국 함정을 더욱 신속히 타격할 수 있도록 지원하는 군사 정보 활동의 일환입니다. 유라시아 대륙 동쪽 끝에서 진행되는 훈련들에 더해, 미국은 북태평양과 발트해 일부 지역에서도 활발히 군사 훈련을 전개하고 있습니다. 이들 훈련에는 최근 나토에 가입한 핀란드와 스웨덴도 참여하고 있죠. 두 나라는 이미 상당 기간 동안 나토의 군사 체계에 통합되어 왔으며, 이제 '안보 위협'을 명분으로 공식적인 회원국이 되기에 이르렀습니다.

그러나 이들이 내세우는 '안보 위협'의 근거는 지나치게 과장되어 진지하게 받아들이기 어려운 수준입니다. 그럼에도 불구하고 이 결정은 양국의 군수 산업에 확실한 이득을 안겨주었고, 사회 전반을 점차 보수적인 방향으로 이끄는 데에도 적지 않은 영향을 미치고 있습니다.

제국은 멈추지 않습니다. 이해관계가 너무 많기 때문이죠. 언제나 그렇듯이 공식적인 입장은 그럴듯합니다. 모든 군사 훈련과 전략적 움직임이 '규칙에 기반을 둔 국제 질서'를 유지하기 위한 것이라고 합니다. 그런데 이 표현이 나토 정상회의의 전략 개념 문서에 반복해서 등장하는 반면, 'UN 기반 국제 질서'라는 표현은 아예 없습니다. 이것은 단순한 실수가 아닙니다. 왜냐하면 이 두 표현은 의미상 큰 차이가 있기 때문이죠.

UN 기반 질서는 국제법의 근간인 UN 헌장에 기반을 두고 있으며, 미국 헌법에 따라 미국 내에서도 최고의 법으로 인정받아야 합니다. 그럼에도 미국의 지배층은 이 원칙을 수용하지 않고 역대 대통령들 역시 공개적으로 이를 무시하거나 위반해 온 역사가 있습니다.

    UN 헌장에는 미국이 봤을 때 두 가지 골칫거리가 있었습니다. 하나는 국제 사회에서 무력 사용이나 무력 위협을 거의 모든 경우에 금지한다는 점이죠. 이 말은 곧 미국의 외교·군사 정책 대부분이 UN 헌장에 어긋난다는 뜻입니다. 당연히 미국으로선 이런 상황을 받아들일 수 없겠죠. 그래서 실제로는 미국 헌법이 유엔 헌장을 '최고 법률'로 규정하고 있음에도 불구하고, 미국 정부는 이를 사실상 무시하고 있습니다. 혹시 누군가가 헌법 위반이라며 소송을 제기하더라도 미국 대법원은 이런 사안을 '정치적으로 판단해야 할 문제'라며 재판 자체를 하지 않을 가능성이 큽니다.

    '규범에 기반한 국제 질서'는 이러한 결함을 교묘하게 덮어줍니다. 이 체제에서는 지배자와, 지배자가 승인한 이들에게만 무력 사용과 위협이 자유롭게 허용되죠. 이런 현실을 보여 주는 사례들은 너무나도 분명해서 도저히 외면할 수 없어 보이지만, 실제로는 놀라울 만큼 자연스럽게 묵과되고 있습니다. 국제법상 가장 중대한 범죄 중 하나는, 무력을 통해 점령한 영토를 자국 영토로 합병하는 행위입니다. 대표적인 사례로는 두 가지가 있습니다.

첫째, 모로코는 국제사법재판소의 판결을 무시하고 서사하라를 합병했습니다. 둘째, 이스라엘은 유엔 안보리의 만장일치 결의를 어기고 시리아의 골란고원과 동예루살렘을 자국에 편입시켰습니다. 이 두 사례 모두 미국의 지속적인 지지를 받아왔고 트럼프 행정부는 이를 공식 승인했으며, 현 바이든 행정부 역시 그 입장을 유지하고 있습니다. 그런데도 이 문제에 대해 우려를 표하거나, 심지어 언급하는 목소리조차 찾아보기가 어렵습니다.

두 번째 결함은 유엔 안전보장이사회나 세계법원 같은 국제기구들이 규칙을 정한다는 점입니다. 이 점 역시 '규범에 기반한 국제 질서'에서는 문제가 되지 않죠. 왜냐하면 이 체제에서는 미국이 규칙을 정하고 다른 나라들은 그 규칙을 따르기만 하면 되기 때문입니다.

따라서 워싱턴이 '규범에 기반한 국제 질서'를 선호하는 이유는 쉽게 이해할 수 있습니다. 이 질서는 현재 나토 전략 개념에서 강하게 재확인되었고, 미국의 언론과 학계 역시 이를 광범위하게 수용하고 있습니다.

시선을 조금만 돌려보면, 좀 더 진지하고 깊이 있는 논평과 분석도 발견할 수 있습니다. 호주의 전략 분석가 클린턴 페르난데스Clinton Fernandes는 저서 『하위 제국 권력Sub-Imperial Power』에서 이 문제를 심도 있게 다룹니다. 그는 그 개념의 뿌리를 영국 제국주의 통치라는 서구적 기원까지 거슬러 올라가며, 다음과 같은 점을 드러냅니다.

> "'규칙 기반 질서rules-based order'는 유엔 중심의 국제 시스템이나 국제법에 기반한 국제 질서와는 전혀 다르다. 이 질서의 정점에는 미국이 자리 잡고 있으며, 미국은 여러 국가의 실질적인 주권 위에 영향력을 행사한다. 영국은 핵무기를 보유하고 전 세계에 걸친 영토를 가진 미국의 부관 역할을 하고 있고, 호주나 이스라엘처럼 '하위 제국주의subimperial' 국가들도 이에 동조한다.
> 이른바 '규칙 기반 국제 질서'란 결국 다른 나라들의 정치적 주권을 통제하고, 제국주의적 지배를 선의의 행동으로 포장하며, 비교우위에 기초한 경제 질서를 유지하려는 시도다. 하지만 정책 결정자나 언론 논객들은 '제국empire'이라는 표현을 쓰길 꺼리기 때문에, 그 대신 '규칙 기반 질서'라는 완곡한 표현을 사용한다."

그가 말하는 '비교우위의 경제' 역시 또 다른 완곡어법입니다. 그 진짜 의미는 '각자 제자리나 지켜라'라는 뜻입니다. 물론 '모두의 이익을 위해서'라는 명분 아래서 말이죠. 이런 조언은 종종 '선의'로 제시됩니다. 애덤 스미스 역시 같은 논리를 펼쳤습니다. 그는 아메리카 식민지에 농업이라는 비교우위에 집중하라고 권하며, 공산품은 영국에서 수입하라고 했습니다. 그러면 식민지도 결국 '진정한 부와 위대함'에 도달하게 될 것이라고 주장했죠. 쉽게 말해, 강대국은 공업화하고 식민지나 약소국은 농업이나 원자재 수출에만 전념하라는 '이로운 질서'가 오랜 시간 동안 '좋은 뜻'으로 강요되어 왔던 셈입니다.

영국의 지배에서 벗어난 이후, 아메리카 식민지들은 그런 '친절한' 조언을 거부할 자유를 얻었고, 대신 영국이 세계 제조업 중심지이자 강대국으로 성장할 때 사용했던 것과 동일한 방식의 자유 무역 원칙 위반이라는 과감한 전략을 채택할 수 있었죠. 이러한 패턴은 이후로도 놀라울 정도로 일관되게 반복되었습니다. 다시 말해, 자유무역이라는 규칙을 강제로 따르도록 강요받은 국가들은 대부분 이른바 '제3세계'로 전락했고, 오히려 그 규칙을 위반한 나라들이 '제1세계'의 부유한 국가가 되었습니다.

식민 지배를 유일하게 피한 남반구의 국가인 일본 역시 이러한 '규칙'을 거부할 수 있었고 그 덕분에 독자적인 방식으로 산업화와 발전을 이루었으며, 나아가 일본이 한때 지배했던 옛 식민지들까지도 성장의 궤도로 이끌 수 있었습니다. 이러한 역사적 사실은 한 가지 분명한 교훈을 전해 줍니다. 발전이란 결국 주어진 '비교우위'를 고정된 것으로 받아들이는 것이 아니라 그것을 스스로 변화시키는 과정이라는 것입니다.

결국 이른바 '규칙 기반 질서'는 강대국들에게 결정적인 이점을 안겨주는 체제입니다. 이 질서가 그들의 영향력 아래에 있는 지역에서 유독 호의적으로 받아들여지는 이유도 바로 여기에 있습니다. 반면, 국제법과 유엔 헌장을 기반으로 하는 '유엔 중심 국제 질서'는 종종 무시되며, 필요할 때 즉 적을 규탄하거나 처벌할 명분이 요구될 때 선택적으로 인용되는 경우가 대부분입니다.

C. J. 폴리크로니우

▐▐▐▐ 튀르키예는 여전히 러시아에 대한 제재에 동참하지 않고 있으며, 실질적으로는 러시아 재벌들에게 제재를 피할 수 있는 '안전지대' 역할을 하고 있습니다. 그럼에도 미국과 나토 동맹국들은 튀르키예를 여전히 신뢰할 수 있는 전략적 파트너로 간주하며, 에르도안 정권이 푸틴 정권 못지않게 노골적인 권위주의와 억압적 통치를 일삼고 있다는 사실은 좀처럼 언급되지 않습니다.

실제로 사우디아라비아에 대한 입장을 선회한 이후, 바이든 행정부는 에르도안에게 점차 우호적인 태도를 보이고 있으며, 미국산

F-16 전투기를 통한 튀르키예 공군의 전력 강화도 추진 중이었습니다. 이처럼 모순적인 상황은 나토 동맹 내에서 어떻게 해석해야 할까요? 또 하나의 서방의 위선일까요, 아니면 냉엄한 현실 정치의 단면일까요?

── **노엄 촘스키**

▮▮▮▮ 이 상황에서 정말 이례적인 점은 에르도안이 지시를 따르기보다는 자기 방식대로 행동하고 있다는 사실입니다. 그가 노골적으로 권위주의적이고 억압적인 체제를 유지하고 있다는 점 자체는 전혀 놀랍지 않지만, 미국에는 그다지 문제가 되지 않습니다. 수많은 다른 사례에서도 그랬듯이 말입니다. 미국이 문제 삼는 것은 그가 완전히 신뢰할 수 있는 전략적 동맹이 아니라는 점입니다. 실제로 튀르키예는 러시아의 미사일 방어 시스템을 도입했다는 이유로 미국의 제재를 받기도 했습니다. 우크라이나 침공 이후에도 에르도안은 러시아산 무기 구매 여부나 블라디미르 푸틴과의 우정을 단절할지에 대해 분명한 입장을 밝히지 않았습니다. 그런 점에서 보면 튀르키예는 나토보다는 오히려 글로벌 사우스처럼 행동하고 있는 셈입니다.

튀르키예는 다른 측면에서도 나토의 엄격한 규범을 따르지 않았습니다. 대표적인 예로, 스웨덴과 핀란드의 나토 가입을 지연시킨 바 있습니다. 이는 튀르키예가 자국 내 쿠르드족에 대한 억압을 강화하려는 의도와 관련이 있어 보입니다. 스웨덴은 튀르키예 정부의 폭력으로부터 탈출한 쿠르드 난민들에게 피난처를 제공해 왔고, 이에 대해 튀르키예 정부는 이들을 테러리스트로 규정했습니다. 결국 튀르키예가 스웨덴의 나토 가입에 대한 반대 입장을 철회한 이면에는 불편한 거래가 있었을 가능성에 대한 우려가 존재합니다.

이 배경은 결코 간과해서는 안 됩니다. 튀르키예 내 쿠르드 억압은 오랜 역사를 지니고 있습니다. 1990년대에는 국가 차원의 테러 캠페인이 극단에 달했고, 이로 인해 수만 명의 쿠르드인이 목숨을 잃었으며, 수천 개의 마을과 도시가 파괴되었고, 수백만 명이 고향을 떠나 이스탄불의 빈민가로 내몰렸습니다. 일부는 고향으로 돌아갈 기회를 얻기도 했지만, 그 조건은 자신들이 지지하거나 연대한 쿠르드노동자당PKK의 게릴라 활동을 공개적으로 비난하는 것이었습니다. 쿠르드인들은 이 제안을 거절했고, 이는 쿠르드 민족의 정의를 위한 놀라운 용기의 상징으로 남았습니다.

이 끔찍한 범죄들은 1990년대 최악의 국가 폭력 사례 가운데 하나로 미국의 강력한 지지 아래 자행된 것이었습니다. 미국은 이 폭력을 좀 더 신속히 실행할 수 있도록 튀르키예에 대규모 무기를 지원했습니다. 특히 빌 클린턴 행정부 시기, 폭력이 더욱 격화되자 무기 지원도 함께 증가했습니다. 그 결과 튀르키예는 당시 이스라엘과 이집트를 제외하고 미국산 무기를 가장 많이 수입한 국가가 되었고, 이전까지 서반구 최악의 인권 침해국이었던 콜롬비아를 제치게 됩니다. 이는 미국 외교정책에서 오랜 시간 반복되어 온 확고한 패턴의 연장선에 있습니다. 그리고 늘 그랬듯이 언론은 튀르키예의 잔혹함과 미국의 결정적인 지원에 침묵하며 조용히 협력했습니다.

2000년 무렵이 되자 그 끔찍했던 범죄들은 점차 사그라들었고, 튀르키예 사회는 놀라운 변화를 맞이합니다. 사회는 점차 개방되었고, 국가 범죄에 대한 비판과 성찰이 이루어졌으며, 자유와 정의를 향한 놀라운 진보가 시작되었습니다. 개인적으로도 저는 이 과정을 직접 목격했고, 비록 제한적이었지만 그 변화에 조금이나마 참여할 수 있었던 것을 큰 영광으로 생각합니다.

이러한 민주적 전환의 중심에는 튀르키예의 지식인들이 있었습니다. 그들은 서구의 지식인조차 부끄럽게 만들 정도로 용기 있는 행동을 보여 주었습니다. 단지 국가 범죄를 비판하는 데 그치지 않고, 정기적으로 시민 불복종 운동을 펼치며 혹독한 처벌을 감수했고, 처벌을 받고서도 다시 일어나 싸움에 나섰습니다.

특히 인상 깊은 인물 중 하나는 이스마일 베쉬크치였는데 그는 쿠르드인이 아님에도 불구하고 쿠르드족에 대한 잔혹한 억압을 처음으로 학문적으로 체계화한 젊은 역사학자였습니다. 그는 여러 차례 투옥되고 고문당했으며, 온갖 학대를 받았지만 결코 연구를 멈추지 않았고, 오히려 더 끔찍해지는 범죄를 끈질기게 기록해 나갔습니다. 그리고 그와 같은 용기 있는 이들은 결코 한둘이 아니었습니다.

2000년대 초반, 새로운 시대가 열리는 듯했습니다. 감동적인 순간들도 있었죠. 그중 잊을 수 없는 경험 하나는 용감한 언론인이었던 흐란트 딩크의 편집실에서 있었던 일입니다. 그는 인권을 위해, 특히 집단학살을 겪었으면서도 여전히 공식적으로는 부인당하고 있는 아르메니아 공동체의 권리를 옹호했다는 이유로 국가의 방조 아래 암살당한 인물입니다. 그는 그의 아내와 함께 사무실 발코니에 서서 흐란트 딩크의 업적을 기리며, 계속되고 있는 국가 범죄의 종식을 촉구하는 대규모 시위를 내려다보고 있었습니다. 억압적인 튀르키예 국가 체제 안에서 이는 결코 가볍지 않은 용기와 헌신의 표현이었습니다.

그러나 희망은 오래가지 못했습니다. 레제프 타이이프 에르도안이 점차 폭압적인 통치를 강화해 나가면서 튀르키예는 이제 막 벗어나려 했던 악몽의 과거를 다시 불러오기 시작했기 때문입니다. 이는 몇 년 뒤 '아랍의 봄' 이후 중동 각국에서 벌어진 상황과도 매우 유사합니다.

튀르키예는 시리아에서도 군사적 개입을 확장해 나갔고, 그 주된 대상 역시 쿠르드족이었습니다. 시리아 내전이라는 참혹한 혼란 속에서도 쿠르드족은 '로자바$_{Rojava}$'라 불리는 민주주의와 인권의 가치가 살아 있는 자치 지역을 구축해 냈습니다. 이들은 또한 미국이 시리아에서 이라크·시리아 이슬람국가$_{ISIS}$와 벌인 전쟁에서 지상군 역할을 맡아 싸웠고, 그 과정에서 만 명이 넘는 사상자를 냈습니다. 하지만 이들의 헌신에 대한 대가는 냉혹했습니다. 당시 도널드 트럼프 대통령은 튀르키예의 공격을 억제하던 소규모 미군 병력을 철수시켰고, 그 결과 쿠르드족은 튀르키예의 공격에 무방비로 노출되고 말았습니다.

쿠르드족 사이에는 오래된 속담이 있습니다. "쿠르드에게는 산밖에 친구가 없다." 최근 튀르키예와 스웨덴 사이에서 벌어진 나토 관련 움직임을 지켜보며, 이 속담이 또다시 현실이 되는 건 아닌지 우려의 목소리가 커지고 있습니다.

C. J. 폴리크로니우

최근 나토 정상회의에서는 흥미로운 결론이 도출되었습니다. 중국은 나토 회원국들의 이익과 안보에 대한 '안보적 도전'으로 간주되지만, 적대국으로 규정되지는 않는다는 것이죠.

용어의 문제는 잠시 제쳐두더라도, 서방이 과연 점점 확대되고 있는 중국의 세계적 영향력 행사를 실제로 저지할 수 있을까요? 그리고 더 근본적으로는, 단일 강대국이 지배하는 단극 체제가 양극 체제나 다극 체제보다 세계 평화에 더 안전한 구조일 수 있을까요?

── **노엄 촘스키**

▥ 미국은 중국의 세계적 역할을 제한하고 그 발전을 저지하려는 의도를 상당히 노골적으로 드러내고 있습니다. 이것이 바로 이른바 '안보적 도전'의 본질이죠. 이 도전은 두 가지 차원으로 나눌 수 있습니다. 대체로 구분하자면, 하나는 '소프트 파워', 다른 하나는 '하드 파워'입니다.

먼저 소프트 파워는 산업, 교육, 과학, 기술 등 국내 영역에서의 발전을 의미합니다. 이러한 발전은 중국의 세계적 영향력 확장의 기반이 되며, 그 대표적 사례가 바로 일대일로와 같은 대규모 다차원 프로젝트입니다. 이 프로젝트는 유라시아 대륙 대부분을 중국 중심의 경제·기술 체계로 통합하려 하며, 그 범위는 중동과 아프리카, 심지어 미국의 전통적 영향권인 라틴아메리카까지 확장되고 있습니다.

미국은 중국의 내부 발전 방식이 이른바 '규칙 기반 국제 질서'를 위반한다고 주장합니다. 이는 어느 정도 사실이기도 합니다. 그러나 중국이 채택한 방식은 과거 미국이 걸어온 길과 본질적으로 다르지 않으며, 그보다 앞서 영국, 그리고 이후의 여러 선진국 역시 마찬가지 방식으로 발전해 왔습니다. 중국은 이른바 '사다리 걷어차기' 정책을 거부하고 있는 셈이죠. 즉, 선진국들이 과거에 온갖 수단인 고급 기술의 강탈, 폭력, 기만 등을 통해 개발의 사다리를 올라선 뒤, 이제는 다른 나라들에는 그 수단을 쓰지 못하게 '규칙 기반 질서'를 강요하는 이중성 자체를 거부하고 있는 것입니다.

이러한 이중성은 근대 경제사 전반에 걸쳐 반복되어 온 핵심 구조이며, 오늘날에는 '자유 무역'이라는 위선적 이름 아래, 실상은 투자자 권리만을 극대화하는 강력한 협정들 속에 제도화되고 있습니다.

안보 위협에는 군사적 차원도 포함됩니다. 이를 대응하기 위해 미국은 중국을 무장한 경비 국가들로 둘러싸는 전략을 추진 중이며, 현재 진행 중인 대규모 림팩RIMPAC 훈련도 그 일환입니다. 이 훈련은 중국 연안 인근에서 미국의 '방어'라는 명분 아래 이루어지고 있죠. 미국은 인도·태평양 지역에서 자국의 지배력에 대한 어떠한 도전도 용납하지 않습니다. 심지어 중국이 솔로몬 제도에 두 번째 해외 군사 기지를 설립할 가능성조차 (첫 번째 해외 기지는 아프리카 지부티에 있음.) '위협'으로 간주합니다.

하지만 이 문제를 일종의 '범죄적 왓어바우티즘criminal whataboutism'의 관점에서 바라보자면, 미국은 전 세계에 약 800개의 군사 기지를 보유하고 있습니다. 이들 기지는 단지 '방어'를 위한 목적 다시 말해 제국적 지배를 수행하는 데 그치지 않고,

아프리카, 중동, 아시아 전역에서 수백 건에 이르는 '저강도 대리전'을 가능하게 합니다.

워싱턴과 이에 동조하는 언론 및 여론 형성자들은 중국이 미국이 주도하는 '규범 기반 질서'를 위반하고 있다고 주장하는데, 이는 어느 정도 타당한 지적입니다. 이제 유럽의 지지까지 더해져, 미국과 함께 이 질서를 수호하겠다는 입장은 더욱 공고해지고 있습니다. 또한 중국의 심각한 인권 침해를 비판하는 것도 충분히 정당한 일입니다.

하지만 아이러니하게도 이른바 규범 기반 질서는 실제로는 그러한 인권 침해에 별다른 관심을 두지 않습니다. 오히려 그런 침해를 묵인하거나, 때로는 적극적으로 지원하는 경우조차 적지 않죠.

이 논의에서 진정 중요한 질문인 "어떻게 하면 세계 평화를 가장 효과적으로 증진시킬 수 있을까?"는 좀처럼 제기되지 않습니다. 왜냐하면 모든 국가가 저마다 평화를 말하기 때문입니다. 심지어 아돌프 히틀러조차도 자기 나름의 평화를 주장했죠. 미국에 평화란 곧 자국이 정한 규범 기반 국제 질서를 따르는 것을 의미합니다. 다른 국가들 역시 제각기 자국 중심의 평화 기준을 내세웁니다. 그리고 세계의 대부분 국가는 그 틈에서 힘센 코끼리들이 밟고 지나가는 풀처럼 존재할 뿐입니다.

C. J. 폴리크로니우

|||| 기후 위기도 마드리드에서 열린 3일간의 정상회담 의제 중 하나였습니다. 실제로 이 위기는 '우리 시대를 규정하는 도전 과제'로 공식 인정되었고, 나토 사무총장 옌스 스톨텐베르그는 기후 변화가 초래하는 안보 문제에 대응하는 데 있어 나토가 '최고 수준의 기준'을 세우겠다고 세계에 천명했습니다.

기후 위기를 막기 위해 전쟁과 무기가 동원된다니 정말 이보다 더 든든할 수가 없네요. 어떻게 생각하시나요?

— **노엄 촘스키**

|||| 기후 변화의 '안보적 함의'를 나토가 다루겠다고 하니 정말 고무적인 일입니다. 물론 여기서 말하는 '안보'란 언제나 그렇듯 사람들의 안전은 전혀 포함되지 않죠. 지금 제기된 문제는 무엇보다도 중요하며 요약도 간단합니다. 인류는 현재 벼랑 끝을 향해 내달리고 있습니다. 머지않아 되돌릴 수 없는 전환점에 도달하게 되면, 우리는 '온실 지구'라는 세계로 추락하게 될 겁니다. 그곳에서 살아남는다고 해도 삶은 견디기 어려울 것입니다.

군사비는 우리가 직면한 이 재앙에 두 겹으로 기여합니다. 첫째, 엄청난 자원이 인간 생존의 최소 조건을 파괴하는 데 사용되고 있다는 점에서 그렇고, 둘째, 그렇게 쏟아붓는 자원

때문에 정작 미래를 위해 반드시 해야 할 일들이 실현되지 못하고 있다는 점에서 그렇습니다. 요컨대, 미래를 파괴하는 데 투입되는 비용이 미래를 준비할 기회를 송두리째 앗아가고 있는 셈입니다.

블라디미르 푸틴의 우크라이나 침공도 이와 같은 이중적 재앙의 또 다른 사례입니다. 환경 파괴를 막기 위해 쓰여야 할 자원들을 파괴하고 낭비했으며, 동시에 그 자원들을 아예 빼앗아 갔습니다. 그것도 하필 지금처럼 시급한 시점에 말이죠. 우리는 이제 건설적 행동을 취할 수 있는 '기회의 창'이 점점 닫히는 상황에 직면해 있는데, 인류는 여전히 이 광기 어린 경로를 고집하고 있습니다.

지금 우리가 마주한 이 문제 앞에서 다른 모든 쟁점은 사실상 무의미해집니다. 우리는 재앙을 막고 더 나은 세상을 만들어나가기 위해 협력할 방법을 찾아야 합니다. 아직은 그것이 가능합니다. 그러나 그렇게 하지 못한다면, 인류라는 이 거대한 실험은 결국 비참하고 초라하게 막을 내리게 될 것입니다. 선택은 그만큼 단순합니다.

* 노엄 촘스키 *

미국, 전 세계 협상 촉구에 나서야 할 때

2022년 9월 28일

C. J. 폴리크로니우

▦ 블라디미르 푸틴의 우크라이나 침공이 시작된 지 7개월이 지난 지금, 전쟁은 중대한 전환점을 맞이하고 있습니다. 푸틴의 '부분 동원' 선언과 점령지 병합을 위한 주민투표가 동시에 추진되면서 전쟁의 여파가 러시아 본토에까지 본격적으로 미치고 있습니다. 러시아가 우크라이나 내에서 군사력을 강화하고 있는 이 상황은 러시아와 우크라이나 양측에 어떤 의미를 갖는다고 보십니까?

또 푸틴의 병력 동원 명령은 러시아가 더 이상 우크라이나에서 이 전쟁을 단지 '특수 군사 작전'으로 간주하지 않는다는 점을 스스로 인정한 것으로 볼 수 있을까요?

— **노엄 촘스키**

▐▐▐▐ 러시아에 어떤 결과가 초래될지는 아직 명확하지 않습니다. 한편으로는 시위와 강제 징집에 대한 보도가 이어지고 있으며, 다른 한편으로는 또다시 서방의 침공으로부터 조국 러시아를 방어해야 한다는 호소가 나오고 있습니다. 이는 나폴레옹 시대부터 반복되어 온 서방의 침략이 결국엔 좌절되었다는 역사적 서사와 유사하며, 그러한 호소는 일정 부분 공감대를 형성할 수 있습니다. 역사적 기억은 사람들의 의식 속에 깊이 뿌리내려 있기 때문이죠.

하지만 최종적인 결과가 어떻게 될지는 아직 단지 추측의 영역에 머물러 있습니다. 처음부터 이번 사태는 범죄적 침공이었으며, 결코 '특수 군사 작전'이라 불릴 수는 없었습니다. 그럼에도 크렘린은 여전히 그런 척하고 있죠. 이번 동원 조치가 당장 전쟁에 중대한 영향을 미칠 것 같지는 않으며, 실제 어떤 결과를 가져올지도 불확실합니다. 러시아 군의 실패와 무능함은 대부분의 정통한 분석가들에게 계속해서 놀라움을 주고 있고, 이러한 문제는 동원, 훈련, 장비 보급 등의 영역으로도 확대될 가능성이 높습니다. 동원을 통해 러시아 군이 의미 있게 전력 보강을 이루기 위해서는 상당한 시간이 소요될 것이며, 아마도 겨울이 지난 이후가 될 가능성이 높습니다. 물론 러시아가 다른 지역에서 병력을 전환해 투입할 수도 있지만, 지도부가 과연 그런 능력이나 의지를 갖고 있는지는 여전히 불확실합니다.

　동원 조치와 병합을 위한 주민투표는 장기적인 소모전을 준비하는 신호로 해석될 수 있습니다. 만약 동원이 성공적으로 이루어져 전세를 전환하는 데 기여하게 된다면, 서방은 더 강력한 무기를 지원하거나, 볼로디미르 젤렌스키 대통령이 요구한 것처럼 러시아 본토를 직접 겨냥하는 등 긴장을 고조시킬 가능성이 있습니다. 지금까지는 서방이 이러한 요청을 거부해 왔지만, 상황이 더욱 악화된다면 그런 시나리오가 현실이 될 가능성도 배제할 수 없습니다. 결국 이는 파국적 결과로 이어질 수 있는 상황이며 상상하기 어렵지 않은 시나리오입니다.

　이는 단지 시작에 불과합니다. 전쟁이 초래한 영향은 훨씬 더 광범위하죠. 곡물과 비료 수출이 제한되면서 수백만 명이 기아에 직면하게 되었습니다. 일부 제약은 완화되었다고 하지만, 그 정도와 실질적 효과는 분명치 않습니다. 그리고 이 모든 상황 속에서 가장 중요하면서도 거의 논의되지 않는 것이 하나 있습니다. 바로 다가오는 기후 위기를 해결하기 위한 국제적 노력이 급격히 후퇴하고 있다는 사실입니다. 이는 문자 그대로 인류 전체에 대한 중대한 범죄입니다. 막대한 자원이 전쟁에 낭비되는 동안 화석연료 산업은 대기 오염을 심화시킬 새로운 개발 기회를 얻었다며 환호하고 있습니다. 반면, 과학자들은 지금껏 제기해 온 경고조차 지나치게 보수적이었다는 점을 계속해서 지적하고 있죠.

최근에는 전쟁 중인 우크라이나에서 멀지 않은 중동 지역이 세계 평균보다 거의 두 배 빠른 속도로 기후 변화가 진행되고 있으며, 금세기 말까지 약 5°C의 기온 상승이 예상된다는 사실이 밝혀졌습니다. 또한 동지중해 해역의 해수면은 2050년까지 1미터, 2100년까지는 최대 2.5미터 상승할 것으로 전망됩니다. 물론 이것이 끝이 아닙니다. 그로 인해 발생할 결과는 상상조차 어렵습니다.

중동 지역은 여전히 지구를 생존 가능한 한계까지, 그리고 그 이상으로 밀어붙이는 글로벌 에너지 체계의 중심지로 작동하고 있습니다. 이스라엘과 레바논은 머지않아 바닷속으로 가라앉을 위기에 처해 있으면서도 양국은 해양 국경에서 화석연료를 채굴하며 누가 결국 이 지역을 파괴하는 영예를 차지할지를 놓고 경쟁하고 있는 상황입니다.

이러한 광기 어린 행태는 전 세계 곳곳에서 반복되고 있습니다. 이런 현실 속에서 우크라이나 전쟁을 더욱 확대하는 일은 어리석다는 표현으로는 도저히 다 설명할 수 없는 행위입니다.

C. J. 폴리크로니우

▓ 러시아는 조작된 주민투표를 통해 우크라이나의 점령된 지역을 병합하려는 계획이 있습니다. 물론 2014년 러시아가 크림반도의 지위 결정을 위해 실시한 주민투표에서도 유사한 전술이 사용된 바 있지만, 두 상황은 여러 측면에서 상당히 다를 수 있습니다.

러시아가 점령한 우크라이나 지역, 즉 도네츠크, 루한스크 자포리자, 헤르손에서 진행된 이번 투표는 국제법상 명백히 불법입니다. 그러나 이미 독립국을 상대로 범죄적 침공을 감행한 국가에 그러한 사실이 중요한 고려 사항으로 보이지는 않습니다.

러시아는 이번 주민투표를 통해 무엇을 얻고자 하는 걸까요? 특히 점령지에서조차 질서 정립에 어려움을 겪고 있는 상황에서 이후에는 어떤 일이 일어날 것으로 보십니까?

― **노엄 촘스키**

▓ 이번 주민투표는 신뢰성을 전혀 갖추지 못한 것이 분명합니다. 2014년 크림반도에서의 주민투표와는 상황이 다릅니다. 러시아의 크림반도 병합은 단순히 어느 날 갑자기 벌어진 일이 아니라 그 배경과 맥락이 존재했습니다. 또한 많은 이가 크림반도 주민들이 우크라이나보다 러시아에 더 호의적이었다고 볼 만한 이유가 있다고 생각했죠. 물론 그 주민투표는 국제사회에서 정식으로 인정받지 못했지만, 당시 결과 자체가 그리

놀랍게 받아들여지지는 않았습니다.

하지만 이번 주민투표는 전혀 다른 성격을 지니고 있습니다. 동원 조치와 마찬가지로 조작된 주민투표 역시 러시아가 점령지를 장기적으로 통제하고 소모전으로 끌고 가려는 계획의 일환으로 보입니다. 물론 이러한 조치들은 해당 지역의 미래를 둘러싼 협상 과정에서 또 다른 장애물이 될 수 있겠지만, 아나톨 리븐이 지적했듯이 협상의 문이 완전히 닫힌 것은 아닐 수 있습니다.

국제법이 러시아에게 별로 중요하지 않다는 것은 분명합니다. 하지만 이는 러시아만의 문제가 아니며, 독립국에 대해 범죄적 침공을 감행한 다른 강대국들 특히 미국에도 마찬가지로 적용됩니다. 이들 국가는 자국의 압도적인 힘을 바탕으로 그러한 행동을 하면서도 처벌을 면해 왔습니다.

그렇다면 러시아는 이 과정을 통해 무엇을 얻으려는 걸까요? 앞서 언급했듯이 이 질문에는 두 가지 접근 방식이 있습니다.

첫 번째는 블라디미르 푸틴의 내면을 들여다보려는 시도입니다. 조지 W. 부시가 과거 푸틴의 눈을 들여다보고 그의 '영혼'을 보았다고 하며 그것이 선하다고 선언했던 것처럼 말이죠. 오늘날에도 많은 아마추어 심리학자들이 비슷한 방식으로 푸틴을 분석하려 시도하고 있습니다.

두 번째는 푸틴과 그의 측근들이 공개적으로 말하는 바를 살펴보는 것입니다. 물론 다른 지도자들과 마찬가지로 그들의 발언이 숨겨진 의도를 반영할 수도 있고, 그렇지 않을 수도 있습니다. 하지만 중요한 점은 그들의 말이 협상의 기초가 될 수 있다는 사실입니다. 특히 상황이 더 악화되기 전에 이 끔찍한 전쟁을 종식시키려는 진정한 의지가 있다면 말입니다. 외교란 바로 그런 방식으로 작동하는 것이죠.

두 번째 접근법에 따르면, 러시아가 추구하는 목표는 주로 우크라이나의 중립화와 '비군사화 및 탈나치화'에 집중되어 있는 것으로 보입니다. 그중 '중립화'는 최근 몇 년간 우크라이나가 실질적으로 나토에 통합되려 했던 계획을 철회하는 것을 의미하며, 이는 지난 3월 볼로디미르 젤렌스키 대통령이 제안했던 중립화 및 안보 보장에 관한 조건과 유사합니다.

'비군사화 및 탈나치화'는 진지한 협상에서 구체적인 내용으로 논의될 수 있는 주제입니다. 예를 들어, 러시아를 겨냥한 중무기 배치를 금지하고, 향후 추가적인 합동 군사 훈련을 중단한다는 식의 합의로 구체화될 수 있겠죠. 요컨대, 이는 멕시코와 유사한 지정학적 지위를 의미하는 것입니다.

이러한 주제들은 갈등을 종식시키려는 진정한 의지가 있다면, 협상을 통해 충분히 해결 가능한 사안들입니다. 우리는 지금 세계의 대다수 국가들 특히 독일 국민의 다수와 유럽 내 많은 국가가 협상을 촉구하고 있는 상황에서 미국은 여전히 러시아를 심각하게 약화시키는 것을 최우선 과제로 삼고 있기 때문에 협상 자체를 거부하고 있다는 점을 기억해야 합니다.

해결해야 할 과제는 그 외에도 많습니다. 대표적인 것이 크림반도와 돈바스 지역 문제입니다. 이 문제의 최선의 해결책은 국제 사회가 주관하는 공정한 주민투표를 통해 다양한 선택지를 제시하고, 그에 따라 지역의 지위를 결정하는 방식일 것입니다. 물론 현재로서는 이러한 방안이 실현되기 어려울 수도 있지만, 진지한 협상 노력이 지속된다면 그 가능성은 점차 높아질 수 있습니다.

우리는 이미 2022년 6월 기준으로 그의 최근 견해 일부를 논의한 바 있습니다. 퀴글리는 현재 협상이 교착 상태에 놓여 있음을 인정하면서도 '언젠가는 가능하다면 더 빠른 시일 내에 동부 우크라이나의 돈바스 지역과 크림반도를 다루는 협상이 시작될 필요가 있다'고 말합니다.

크림반도 문제에 관해 그는 볼로디미르 젤렌스키 대통령이 제안한 대로 양측이 크림반도의 지위를 두고 장기적인 협의 과정을 수립하는 방안을 따를 것을 권고합니다. 이 협의는 최대 15년에 걸쳐 이어질 수 있다고 그는 덧붙입니다.

돈바스 지역에 대해서는 퀴글리는 우크라이나가 2015년 프랑스와 독일의 중재로 체결된 민스크 협정을 일정 부분 이행한다면, 즉 해당 지역에 일정 수준의 자치권을 부여하는 조처를 취한다면, 러시아는 이번 침공의 목표가 달성되었다고 선언할 가능성이 있으며, 그로 인해 타협의 여지도 생길 수 있다고 봅니다.

며칠 전, 협상 과정에 깊이 관여하고 있는 프랑스 대통령 에마뉘엘 마크롱도 CNN 인터뷰에서 이와 유사한 견해를 밝혔습니다. 그는 2019년 젤렌스키 당선 당시 우크라이나가 민스크 협정의 방향을 따랐다면, 더욱 유리한 외교적 합의에 도달할 수 있었을 것이라고 평가했습니다. 현재에도 그는 외교적 해법을 위한 여지는 여전히 남아 있다고 믿고 있습니다. 물론 이러한 평가들이 사실에 부합하는지는 확인할 수 없습니다. 이를 검증할 수 있는 유일한 방법은 실제로 협상을 시도해 보는 것입니다.

그러나 쿼글리는 만일 미국의 목표가 러시아를 우크라이나에서 철수시키는 것이 아니라 우크라이나가 마지막 한 사람까지 전쟁을 계속하도록 만드는 것이라면, 그런 전략은 결코 성공할 수 없을 것이라고 단언합니다. 그러면서도 그는 자신의 이러한 견해가 '합리적인' 평가라고 조심스럽게 덧붙였습니다.

미국의 진정한 목표가 무엇인지 이해하는 일은 이처럼 복잡한 상황 속에서 우리가 어떤 영향을 미칠 수 있을지를 판단하는 데 있어 결정적인 요소입니다. 이 점은 아무리 강조해도 지나치지 않습니다.

C. J. 폴리크로니우

▓ 젤렌스키 대통령은 러시아의 우크라이나 침공에 대한 응징 조치로 유엔 안전보장이사회 상임이사국의 거부권을 박탈할 것을 촉구한 바 있습니다. 불과 며칠 전에는 EU 대표 역시 이와 유사한 요구를 제기했죠. 물론 유엔 헌장의 원칙을 지속적으로 위반하는 국가에 대해서는 제명을 포함한 제재 조치가 가능하다는 것이 기본 전제입니다. 하지만 이런 제안은 현실적으로 타당한 걸까요?

또한 일각에서는 러시아가 사실상 유엔의 정식 회원국이 아닐 수도 있다는 주장까지 제기되었는데, 이런 주장은 근거가 약하지 않습니까? 1991년, 구소련 해체 이후 우크라이나 스스로 소련의 유엔 회원 자격이 러시아 연방으로 승계되는 데 동의했으며, 이는 유엔 내부의 오랜 절차적 관행에도 부합하는 결정이었습니다. 그렇지 않습니까?

노엄 촘스키

▓ 젤렌스키 대통령의 입장을 충분히 이해할 수는 있지만, 세부적인 쟁점을 떠나 이러한 제안이 진지하게 논의되고 있다는 사실 자체가 중요한 함의를 담고 있습니다. 예를 들어, 미국이 이라크를 침공했을 당시를 떠올려보죠. 이는 유엔 헌장의 핵심

원칙, 즉 국제 관계에서 무력 사용이나 그 위협을 금지하는 조항을 지속적으로 위반한 사례입니다. 그때 미국을 이와 유사한 방식으로 처벌해야 한다는 논의가 실제로 있었던가요?

    이러한 위반은 단순히 반복적이라는 점에서가 아니라 그 중대성과 영향력에 있어서 심각한 사안입니다. 물론 미국 주류 언론에서는 거의 다뤄지지 않지만, 이제 와서 우리가 굳이 다시 따져볼 필요는 없을지도 모릅니다.

    우리가 집중해야 할 것은 보다 본질적인 문제입니다. 미국의 정책에 대해 어떻게 대응할 것인가 하는 점이죠. 우리는 러시아를 심각하게 약화시키기 위해 전쟁을 계속해야 한다는 미국 정부의 공식 입장을 수용해야 할까요? 아니면 독일을 비롯한 유럽 국가들, 나아가 전 세계 다수의 목소리에 동참해, 이 끔찍한 전쟁을 종식시키기 위해 미국에 압박을 가해야 할까요?

    이 전쟁은 우크라이나에 국한된 비극이 아닙니다. 더 큰 참화가 전 세계적으로 이어질 수 있다는 점에서, 우리의 선택은 그만큼 중대합니다.